AF542157

X 26524

Paris
1859

Humboldt, Wilhelm (ou Guillaume)

De l'origine des formes grammaticales et de leur influence sur le développement des idées

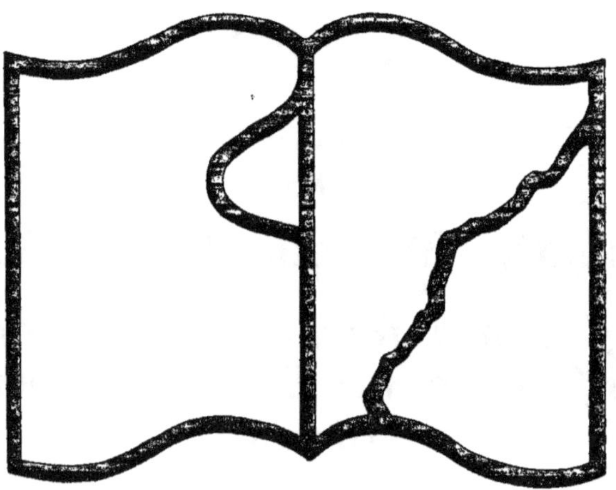

Symbole applicable
pour tout, ou partie
des documents microfilmés

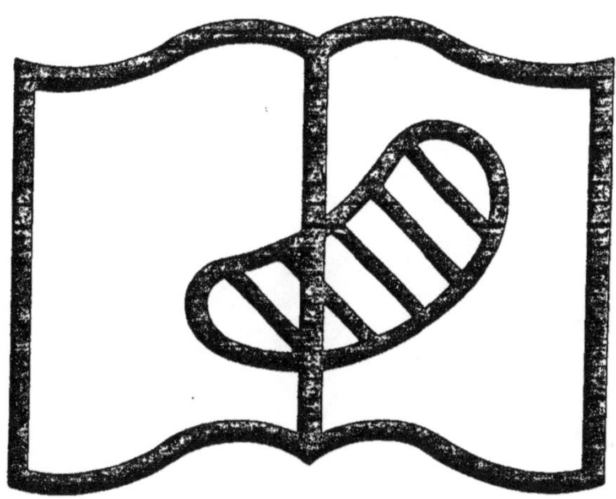

Symbole applicable
pour tout, ou partie
des documents microfilmés

DE L'ORIGINE

DES

FORMES GRAMMATICALES

ET

DE LA DIVERSITÉ

DANS LA CONSTITUTION DES LANGUES.

Poitiers — Imprimerie de A. DUPRÉ, rue de la Mairie, 10.

(G.)

GUILLAUME DE HUMBOLDT.

DE L'ORIGINE

DES

FORMES GRAMMATICALES

ET DE LEUR INFLUENCE

SUR LE DÉVELOPPEMENT DES IDÉES

Opuscule traduit

PAR ALFRED TONNELLÉ

SUIVI

DE L'ANALYSE DE L'OPUSCULE

SUR

LA DIVERSITÉ DANS LA CONSTITUTION DES LANGUES

PARIS

LIBRAIRIE A. FRANCK

67, RUE RICHELIEU

1859

Guillaume de Humboldt est l'un des savants qui ont le plus contribué à élever la philologie au rang d'une véritable science. Les érudits des siècles précédents s'étaient le plus souvent bornés à l'étude approfondie de telle ou telle langue. C'est à notre siècle, et en particulier à la studieuse Allemagne, que revient l'honneur d'avoir élargi cette voie, d'avoir recherché, par la comparaison des grammaires, les lois générales du langage, et d'avoir considéré les langues comme la source la plus féconde et la plus sûre de l'histoire de l'humanité.

Ces belles études ne sont point étrangères à la France, et elle saura sans doute y prendre son rang avec d'autant plus d'avantage, que l'esprit français, moins aventureux que l'esprit allemand, se gardera plus facilement des systèmes préconçus, ou résistera mieux à la séduction de quelque ingénieuse hypothèse. Toutefois, dans l'état actuel de la science, un des plus grands services qu'on puisse rendre, c'est de populariser, de mettre à la portée d'un plus grand nombre les remarquables travaux des Allemands, nos prédécesseurs et nos maîtres dans cette voie.

Les deux ouvrages de Guillaume de Humboldt que nous donnons ici, l'un complétement traduit, l'autre nettement, fidèlement, fermement analysé, offrent cette alliance parfaite des vues philosophiques les plus profondes et de l'érudition la plus sûre, qui est le caractère distinctif des œuvres de cet illustre savant. L'objet est à peu près le même. Qu'il s'agisse de l'origine des formes grammaticales ou de la diversité dans la constitution des langues, le but que Guillaume de Humboldt veut atteindre, c'est de se rendre compte de l'influence du langage sur le développement intellectuel de l'humanité; c'est d'étudier cette double action du signe sur l'intelligence, et de l'intelligence sur le signe qu'elle emploie, d'où résultent non-seulement tous les progrès esthétiques, mais en quelque sorte la civilisation tout entière d'un peuple ou d'une race. Ces deux opuscules pourront ainsi en quelques points être utilement rapprochés du travail de M. Jacob Grimm sur l'origine du langage, récemment traduit par M. de Wegmann. Il ne sera pas sans intérêt de comparer les opinions du savant mythologue qui a éclairé d'une si vive lumière les origines des dialectes germaniques, aux idées si hautes de l'homme universel qui avait embrassé dans ses recherches jusqu'aux idiomes les plus barbares, et demandé pour ainsi dire à l'univers entier la confirmation de ses ingénieuses théories.

Le traducteur de ces deux opuscules était un jeune homme d'une vive et brillante intelligence qui s'était épris de ces belles et austères études. Doué d'une admirable facilité pour apprendre les langues, nourri de l'antiquité classique, possédant parfaitement l'anglais, l'allemand, l'italien, il s'était senti comme naturellement attiré vers la philologie, qui offrait une carrière immense à son esprit curieux et investigateur.

Plus tard sans doute Alfred Tonnellé eût marqué sa trace

dans cette science. La philosophie du langage était une de ses préoccupations favorites, et, dans les fragments recueillis et publiés après sa mort, elle tient, à côté de belles et solides études sur l'art, une place considérable. La traduction et l'analyse de ces opuscules de Humboldt figuraient parmi des matériaux amassés pour des travaux ultérieurs. C'est en 1854, à l'âge de 23 ans, que, pour se préparer à ces fortes études, il tentait de lutter ainsi de clarté, de netteté, de précision avec l'un des plus grands philologues. Ces traductions ne sont donc que de simples essais; elles n'étaient point destinées à voir le jour; mais j'ose dire qu'elles ne révèlent point la jeunesse et l'inexpérience, qu'elles attestent au contraire un sens droit et ferme, un coup d'œil juste et exercé, une merveilleuse aptitude à saisir immédiatement le côté principal, vraiment important de toute question philologique. D'ailleurs je ne saurais donner une plus haute idée de l'intelligence avec laquelle étaient faites ces analyses, et du soin que le jeune traducteur y apportait, qu'en rapportant ce qu'il pensait de ces œuvres quelquefois si difficiles, et qu'il étudiait avec une sorte de passion. « Les opuscules philologiques » de Humboldt, écrivait-il l'année même où il s'occupait de » ce travail, sont très-beaux. Ce sont des modèles de compo- » sition, d'enchaînement serré, mais toujours clair, net et » satisfaisant dans les idées. L'esprit est conduit avec une » sûreté et une suite parfaites à travers ces déductions si fines » et si justes. La forme, le style a beaucoup de simplicité et » d'ampleur. Je trouve que cela rappelle la fermeté et la jus- » tesse avec le contexte serré et nourri de nos auteurs du XVIIe » siècle, par exemple de la logique de Port-Royal, mais avec » quelque chose de plus abstrait et de moins accessible qui » tient au génie allemand, et avec une forme bien plus large, » bien plus synthétique qui tient à la langue. »

Nous avons donc pensé qu'il serait utile de publier cette traduction et cette analyse. Ceux qui s'intéressent aux études de linguistique sans pouvoir consulter dans leur texte original les travaux de la grande école philologique allemande, pourront, sur quelques points, y trouver un utile secours, et tous pourront y trouver un salutaire exemple. C'est dans la fréquentation de tels maîtres que s'est écoulée la trop courte carrière d'Alfred Tonnellé. Puisse cet exemple d'un jeune homme indépendant, affranchi de la nécessité du travail, et consacrant sa vie à d'aussi nobles soins, ranimer dans notre jeunesse le goût des recherches sérieuses! Puisse un plus grand nombre de jeunes gens s'adonner à ces intéressants problèmes de la philosophie du langage, et porter dans cette étude cet esprit grave et religieux qui seul peut conduire à la connaissance des véritables lois de l'histoire, en montrant sans cesse l'action de la Providence dans le développement intellectuel et moral de l'humanité!

G.-A. HEINRICH,

Professeur de littérature étrangère à la faculté des lettres de Lyon.

GUILLAUME DE HUMBOLDT.

DE L'ORIGINE

DES

FORMES GRAMMATICALES

ET DE LEUR INFLUENCE SUR LE DÉVELOPPEMENT DES IDÉES.

Œuvres complètes, t. III.

En m'efforçant de retracer ici l'origine des formes grammaticales et leur influence sur le développement des idées, je n'ai point l'intention d'en parcourir successivement les différentes classes. Je me bornerai au contraire à les considérer dans leur idée générale, afin de répondre à cette double question :

1° Comment naît dans une langue le mode particulier de représentation des rapports grammaticaux qui mérite le nom de *forme?*

2° Quelle importance y a-t-il, pour la pensée et pour le développement des idées, à ce que ces rapports soient représentés par des formes véritables ou bien par d'autres moyens?

Il s'agit donc ici de la formation progressive de la grammaire ; et, considérées de ce point de vue, les diversités des langues s'offriront à nous comme des degrés différents de ce progrès.

Seulement il faut bien se garder d'imaginer un type universel de progrès continu dans la formation des langues, et de vouloir juger d'après lui tous les phénomènes particuliers. Partout dans les langues l'action du temps se trouve associée à l'action du génie national ; et ce qui caractérise les idiomes des hordes sauvages de l'Amérique et du nord de l'Asie ne doit pas pour cela avoir appartenu nécessairement aux souches primitives de l'Inde et de la Grèce. Soit que les langues aient appartenu en propre à une seule nation, soit qu'elles aient successivement passé chez plusieurs, il est impossible d'assigner à leur développement une voie parfaitement uniforme, une voie qui leur ait été fixée et prescrite par la nature.

Mais il est vrai de dire que le langage, pris dans sa plus grande extension, a atteint, tout bien compensé, un certain point culminant dans l'humanité ; et en partant de cette question : Dans quel degré de perfection l'homme a-t-il jusqu'à présent réalisé l'idéal du langage ? on s'appuie sur un point fixe, assuré, qui peut servir à en déterminer et à en assurer également de nouveaux. C'est par là que l'on peut reconnaître, et à des signes certains, un développement progressif de la faculté du langage ; c'est en ce sens qu'on a droit et qu'on a raison de distinguer parmi les langues des différences de degré.

Comme nous ne devons traiter ici que de l'idée générale des rapports grammaticaux et de leur mode d'expression par le langage, nous n'aurons à nous occuper que de l'analyse des premières conditions nécessaires au développement des idées et de la détermination des degrés inférieurs de la perfection des langues.

Il paraîtra tout d'abord étrange qu'on mette un instant en doute que toute langue, même la plus imparfaite et la moins cultivée, possède des formes grammaticales au sens propre et véritable du mot. N'est-ce pas en effet la présence d'un système plus ou moins complet de ces formes, leur convenance, leur clarté, leur brièveté, qui permettent seules de reconnaître des différences entre les langues? En outre (et c'est ce qu'on ne manquera pas d'alléguer), les langues des sauvages, surtout celles de l'Amérique, ne nous présentent-elles pas des systèmes particulièrement riches, méthodiques, ingénieux, de formes grammaticales? Tout cela est parfaitement vrai; il reste seulement à savoir si ces formes-là doivent être considérées en réalité comme des *formes;* et c'est ce qui dépend de l'idée qu'on attache à ce mot. Pour bien éclaircir ce point, il faut avant tout écarter du chemin deux malentendus qui pourraient fort aisément s'y venir placer.

Lorsqu'on parle des mérites et des défauts d'une langue, on ne doit pas prendre pour mesure de sa valeur ce qu'un esprit qui n'aurait pas été formé exclusivement par elle serait capable d'exprimer dans cette langue. Malgré sa puissante et vivante influence sur l'esprit, toute langue est aussi en même temps un instrument inanimé et passif; toute langue porte en soi une disposition virtuelle à se prêter aux usages non-seulement les plus justes, mais même les plus délicats et les plus parfaits. Si donc celui qui devra à d'autres langues le degré de culture où il est parvenu, en étudie ensuite une moins parfaite, et s'en rend maître, il peut arriver à produire avec elle des effets étrangers à la nature propre de cette langue; de façon qu'il y fait passer un sens, un esprit tout différent de celui qu'est habituée à y mettre la nation qui vit soumise à son unique influence. D'une part, la langue se trouve entraînée hors du cercle où sa nature l'enferme, et de l'autre, comme toute compréhension suppose le concours de l'objet et du sujet, elle reçoit dans son sein un élément nouveau. Et ainsi l'on voit à peine ce qu'il serait impossible d'exprimer en elle et par elle.

Si donc l'on considérait simplement ce qu'il est possible d'exprimer dans une langue donnée, il ne serait pas surprenant qu'on arrivât à ce résultat, de déclarer toutes les langues, dans ce qui leur est essentiel, à peu près égales en mérites et en défauts. Les rapports grammaticaux en particulier dépendent absolument de l'intention qu'on y met. Ils sont bien moins attachés aux mots en eux-mêmes qu'ils n'y sont introduits par la pensée de celui qui entend et de celui qui parle. Comme, indépendamment de leur représentation, on ne peut imaginer aucune possibilité soit de parler, soit de comprendre, il faut bien que chaque langue, si grossière qu'elle soit, possède quelque moyen de les représenter; et quelque insuffisants, quelque rares, quelque bruts que soient encore ces signes, l'intelligence déjà formée par des langues plus parfaites arrivera toujours à s'en servir avec succès, et saura exprimer suffisamment avec eux tous les rapports possibles des idées. Il est bien plus facile de concevoir l'existence de la grammaire dans une langue, qu'un grand développement ou une grande délicatesse du sens des mots : on ne doit donc pas s'étonner de rencontrer dans l'étude des langues les plus grossières et les moins cultivées les noms de toutes les formes que l'on rencontre aussi dans les plus parfaites. Oui, ces formes y sont véritablement toutes indiquées, parce que le langage se trouve toujours, dans l'homme, tout entier et jamais par fragments. Et c'est pour cela qu'on méconnait aisément la distinction délicate dont nous nous occupons, et qu'on ne se demande pas si ces modes de représentation des rapports grammaticaux constituent des formes véritables et exercent comme telles une action sur le développement des idées de la nation.

Le nœud de la question est pourtant en ce point. Ce n'est pas ce qu'on peut exprimer dans une langue donnée, mais bien ce que cette langue, par sa force propre et intime, peut opérer et provoquer, qui décide de ses mérites ou de ses défauts. La mesure de sa valeur, c'est la clarté, la précision, la vivacité des idées qu'elle éveille dans la nation à qui elle appartient, dont le génie l'a façonnée, et sur qui elle a réagi pour le façonner à son tour. Mais du moment qu'on laisse de côté cette influence du langage sur le développement des idées et l'excitation des sentiments, dès que l'on veut estimer seulement les résultats qu'il peut donner et les services qu'il peut rendre comme simple instrument, on tombe sur un terrain qui n'est plus susceptible d'aucune délimitation : car on ne saurait se former d'avance la notion précise de l'esprit à qui il doit servir d'instrument; et toute action exercée par la parole est toujours un produit commun de l'esprit et de la langue. Chaque langue doit être prise dans le sens que lui a donné le génie de la nation qui l'a formée, et non dans un sens qui lui est étranger et accidentel.

Quand même une langue ne possède aucune forme grammaticale véritable, comme elle ne manque pourtant jamais d'autres moyens de représenter les rapports grammaticaux, il arrive que non-seulement le discours y demeure possible, matériellement parlant, mais même que tous les genres du discours peuvent se naturaliser dans une langue semblable et s'y cultiver. Mais ce dernier fait n'est dû qu'à l'action d'une force étrangère qui se sert d'une langue imparfaite dans le sens d'une plus parfaite.

Ainsi, de ce qu'avec les signes de presque toutes les langues il est possible d'indiquer tous les rapports grammaticaux, il ne s'ensuit pas que toutes possèdent des formes grammaticales dans le sens où les conçoivent les langues parvenues à un haut degré de culture. La distinction, délicate il est vrai, mais pourtant bien saisissable, gît dans la différence de la matière à la forme. C'est ce que fera voir plus clairement la suite de cette étude. Il suffisait, pour le moment, de distinguer ce qu'une force prise arbitrairement est capable de produire au moyen d'une langue, et l'action que cette langue elle-même peut exercer, par une influence continuelle et habituelle, sur les idées et leur développement. Ainsi se trouve écarté le premier malentendu que nous avions à craindre.

Le second pourrait naître de la confusion qu'on ferait d'une forme avec une autre. En effet, comme, pour étudier une langue inconnue, on se place d'habitude au point de vue d'une autre langue connue, soit de la langue maternelle, soit du latin, on est porté à rechercher de quelle façon les rapports grammaticaux de cette dernière sont exprimés par l'autre; puis l'on applique aux flexions ou aux combinaisons de mots de la langue étrangère le nom même de la forme grammaticale qui, dans la langue déjà connue ou d'après les lois générales du langage, sert à exprimer le même rapport. Or il arrive très-souvent que ces formes-là n'existent en aucune façon dans la langue nouvelle, mais qu'elles y sont remplacées par d'autres ou exprimées par des circonlocutions. Pour éviter cette erreur, on doit étudier chaque langue à part, dans son caractère propre, et, par une analyse exacte de toutes ses parties, s'efforcer de reconnaître quelle forme spéciale elle possède, d'après sa constitution, pour représenter chaque rapport grammatical.

Les langues américaines fournissent de fréquents exemples de méprises semblables. Ce qu'il importe de faire d'abord quand on les étudie sur des méthodes espagnoles ou portugaises, c'est d'écarter toutes les vues fausses de cette espèce, et de considérer dans toute sa pureté la structure originale de ces langues.

Quelques exemples mettront ces idées mieux en lumière. Dans la langue des Caraïbes, on donne le mot *aveiridaco* pour la 2e personne du singulier de l'imparfait du subjonctif, *si tu étais*. Mais qu'on l'analyse plus exactement, et l'on y trouvera : *veiri*, être; *a*, pronom de la 2e personne du singulier qui s'unit aussi à des substantifs, et *daco*, particule qui désigne le temps. Il se peut même, quoique je ne trouve pas ce sens indiqué dans les dictionnaires, qu'elle désigne une partie déterminée du temps, car *oruaconó däco* signifie au troisième jour. La traduction littérale de cette expression serait donc : *au jour de ton être;* et c'est par cette circonlocution que s'exprime l'idée conditionnelle que contient le subjonctif. Ce qu'on appelle ici subjonctif est par conséquent un substantif verbal joint à une préposition, ou, si l'on veut un terme qui rappelle davantage la forme verbale, c'est un ablatif de l'infinitif, c'est le gérondif latin en *do*. Dans beaucoup de langues américaines, le subjonctif ne s'indique pas autrement.

Dans la langue *Lule*, on donne un participe passé; par exemple : *a-le-ti-pan, fait de terre*. Mais, mot à mot, cet assemblage de syllabes veut dire : *de terre ils font*. (3e personne pluriel du présent de *tic, je fais.*)

L'idée de l'infinitif, tel que les Grecs et les Latins le connaissaient, n'est encore attribuée à la plupart des langues américaines, pour ne pas dire à toutes, que par une confusion semblable de formes différentes. L'infinitif de la langue brésilienne est un vrai substantif : *iuca* veut dire *tuer* et *meurtre; caru, manger* et *mets*. *Je veux manger* se dit, soit *che caru ai-pota;* mot à mot : *mon manger je veux*, soit avec l'accusatif incorporé dans le verbe, *ai caru pota*. Cette combinaison de mots ne garde la nature verbale qu'en ce sens qu'elle peut régir d'autres substantifs à l'accusatif. Dans le mexicain, on retrouve la même incorporation de l'infinitif pris comme accusatif dans le verbe qui le régit. Seulement l'infinitif y est remplacé par le futur, mis à la personne dont on veut parler : *ni-tlaçotlaz-nequia, je voulais aimer;* mot à mot : *je, j'aimerai, voulais. Ninequia* signifie *je voulais*; il reçoit en lui la première personne singulier du futur : *tlaçotlaz, j'aimerai*, et de cette façon toute la phrase se réduit en un seul mot. Le même futur peut cependant aussi suivre le verbe qui le régit, et rester un mot à part; alors, comme cela arrive surtout dans le mexicain, il est annoncé dans le corps du verbe par un pronom que l'on y intercale : *c* : *ni-c nequia tlaçotlaz*, *je cela voulais*, à savoir : *j'aimerai*. Cette double position, possible à l'égard du verbe, appartient aussi aux substantifs. La langue mexicaine unit donc dans l'infinitif l'idée du futur à celle du substantif, et elle indique l'une par la flexion, l'autre par la construction. Dans la langue Lule, les deux verbes, dont l'un régit l'autre à l'infinitif, se suivent simplement et immédiatement l'un l'autre comme deux *verba finita* (qui ont leur sens complet par eux-mêmes). Ainsi : *caic-tucuec*, *j'ai coutume de manger*; mais littéralement : *je mange, j'ai coutume*. Même dans l'ancienne langue de l'Inde, comme M. le professeur Bopp l'a fort ingénieusement montré, l'infinitif n'est qu'un nom verbal à l'accusatif, entièrement semblable par sa forme au supin latin (1). Aussi n'est-il pas d'un emploi aussi libre que l'infinitif grec et latin, qui s'écartent bien moins de la nature du verbe. Il n'a pas non plus de forme passive ; là où elle est nécessaire, c'est le verbe qui régit l'infinitif qui la prend, et non pas l'infinitif lui-même. On dit donc : *il est pu manger*, au lieu de *il peut être mangé*.

De ces exemples il résulte qu'au lieu de donner dans toutes ces langues l'infinitif pour une forme particulière, on devrait bien plutôt présenter avec leur vrai caractère les moyens auxquels on a recours pour le remplacer, et faire observer en même temps à quelles faces de l'infinitif chacun d'eux répond, aucun ne suffisant à les représenter toutes.

Or, si les cas où le signe d'un rapport grammatical ne répond pas exactement à l'idée de la vraie forme grammaticale sont fréquents dans une langue, s'ils en forment pour ainsi dire le trait distinctif et caractéristique, une pareille langue, fût-on en état d'y tout exprimer, est encore bien loin

(1) Edit. de Nalus, p. 202, nt. 77 ; p. 204, nt. 88.

de se prêter au développement des idées. Ce développement ne commence à faire quelque progrès qu'au point où l'homme, allant au delà de la fin matérielle et concrète du discours, cesse de rester indifférent à sa forme : point qui ne saurait être atteint sans l'action ou la réaction de la langue elle-même sur l'esprit.

Les mots et leurs rapports grammaticaux sont deux choses entièrement et essentiellement distinctes. Ceux-là sont dans le langage comme des objets réels, ceux-ci ne servent que de lien; mais le discours n'est possible qu'au moyen de tous deux réunis. Les rapports grammaticaux, sans avoir toujours dans la langue des signes spéciaux qui leur soient affectés, y peuvent être introduits simplement par la pensée de ceux qui parlent, et la structure de la langue peut être de telle nature, qu'on arrive encore avec ce système à éviter, au moins dans une certaine mesure, l'incertitude et la confusion. En ce cas, en tant que les rapports grammaticaux ont un certain mode d'expression qui leur est propre, on peut dire que la langue possède, dans la pratique, une grammaire sans formes grammaticales proprement dites. Quand une langue, par exemple, forme le cas au moyen de prépositions jointes au mot qui demeure toujours invariable, il n'y a pas là de forme grammaticale, mais seulement deux mots rapprochés auxquels l'esprit attache l'idée du rapport grammatical : *e-tiboa*, dans la langue *Mbaya*, ne veut pas dire, comme on le traduit, *per me*, mais *ego per*. Le lien n'existe que dans l'esprit qui le conçoit, et non comme signe dans la langue. *L-emani*, dans la même langue, n'est point, à vrai dire, *il souhaite*, mais bien *il* et *souhait* ou *souhaiter*, réunis sans aucun des caractères propres du verbe; expression qui se rapproche d'autant plus de celle-ci : *son souhait*, que le préfixe *l* est proprement un pronom possessif. Ici encore c'est donc la pensée seule qui introduit l'idée du verbe. Et pourtant ces deux formes suffisent à exprimer commodément, l'une le cas du nom, et l'autre la personne du verbe.

Mais pour que le développement des idées se fasse véritablement avec précision, pour qu'en même temps il devienne rapide et fécond, il faut que l'esprit soit débarrassé de cette nécessité de suppléer par un acte de la pensée à l'expression absente du rapport, et que ce rapport ait dans la langue un signe véritable qui le représente aussi bien que les objets eux-mêmes. La reproduction fidèle des procédés de l'esprit, au moyen des sons, voilà en effet le but unique de toutes les tendances grammaticales des langues. Mais on ne saurait prendre pour signes grammaticaux les mots qui désignent déjà des objets, sans quoi on n'aurait encore devant soi que des mots isolés, qui à leur tour exigeraient de nouveaux liens.

Or, si l'on exclut de la représentation véritable des rapports grammaticaux les deux moyens suivants : assemblage des mots auxquels l'esprit attache l'idée du rapport, et termes représentatifs d'objets, il ne reste plus de moyen possible pour exprimer ces rapports que la modification des mots qui représentent des objets, et c'est là en effet le seul, le véritable type de la forme grammaticale. Il faut y ajouter encore les mots grammaticaux, c'est-à-dire ceux qui ne désignent aucun objet en général, mais seulement un rapport, et un rapport grammatical, déterminé.

Alors seulement le développement des idées peut prendre un véritable essor, quand l'esprit trouve un plaisir dans la simple production de la pensée, et ce plaisir-là dépend toujours de l'intérêt, du prix qu'on attache à la forme pure de cette pensée. Cet intérêt pour la forme elle-même ne saurait être éveillé par une langue qui n'a pas l'habitude de représenter la forme comme forme ; et d'autre part, quand il naîtrait naturellement dans l'esprit, il ne saurait lui-même s'attacher à une pareille langue. Il doit donc, là où il s'éveille, transformer la langue ; et là où la langue, par une autre voie, s'est enrichie de ces formes, il sera subitement excité par leur présence.

Dans des idiomes qui n'ont pas atteint ce degré-là, il arrive souvent que la pensée hésite entre plusieurs formes grammaticales, et, sans s'arrêter à aucune, finit par se contenter du résultat concret. En brésilien, *tuba* est aussi bien une expression substantive signifiant *son père*, qu'une expression verbale signifiant : *il a un père;* bien plus, le même mot s'emploie aussi pour *père* en général, quoique l'idée de père soit toujours une idée relative. De même *xe-r-uba* est à la fois *mon père* et *j'ai un père;* et ainsi de suite pour toutes les personnes. Cette indécision de l'idée grammaticale en ce cas va même encore plus loin, et *tuba* peut, d'après d'autres analogies qui existent dans la langue, signifier aussi : *il est père;* de même que le mot *taba*, formé d'une façon toute semblable, mais particulier à un dialecte méridional, signifie : il est homme. La forme grammaticale se réduit ici à la simple juxtaposition d'un pronom et d'un substantif, et c'est l'entendement qui doit y introduire le lien en rapport avec le sens voulu.

Il est clair que l'indigène, dans cette expression, ne conçoit pas autre chose que les mots *il* et *père* réunis, et qu'il faudrait se donner beaucoup de peine pour lui faire entendre nettement la différence des expressions que nous trouvons ici confondues. Aussi la nation qui se sert de cette langue peut-elle bien, à beaucoup d'égards, être intelligente, habile, pleine de sens pratique pour les affaires de la vie ; mais le libre et pur développement des idées, le goût de la pensée abstraite, ne sauraient sortir d'une langue ainsi faite. Au contraire, il faudrait nécessairement que sa constitution subît des changements violents, s'il arrivait que d'autres causes amenassent dans la nation quelque grande transformation intellectuelle.

Par conséquent, dans les traductions de phrases ainsi composées et appartenant à des langues semblables, il ne faut jamais perdre de vue que nos interprétations, du moins en ce qui touche les formes grammaticales, sont presque toujours fausses et nous présentent un point de vue grammatical tout différent de celui qu'a eu l'homme qui les parle. Si l'on voulait échapper à cet inconvénient, il faudrait, dans la traduction, ne donner de forme grammaticale que juste autant qu'il y en a dans la langue originale; alors on rencontre des cas où on devrait, autant que possible, s'abstenir de toute espèce de forme. Ainsi l'on dit dans la langue des Huastèques: *nana tanin-tahjal; je suis traité par lui;* ce qui, traduit exactement, répond à ceci: *je, il me traite.* On voit ici une forme verbale à l'actif, jointe à l'objet passif pris pour sujet. Ce peuple paraît avoir eu le sentiment d'une forme passive, mais avoir été amené à celle que nous venons de voir par la nature de sa langue, qui ne connaît que l'actif. Qu'on songe encore que dans la langue huastèque, il n'y a pas de forme pour les cas. *Nana,* pronom de la 1re personne du singulier, signifie aussi bien *je* que *de moi, à moi,* et *moi:* il n'indique absolument que l'idée du *moi.* Dans *nin* et la syllabe *ta* qui la précède, on trouve, pour unique indication grammaticale, que le pronom de la 1re personne du singulier est régi par le verbe (1). Par là on peut voir que l'esprit des indigènes n'a pas tant saisi dans ce cas la différence de la forme active et de la forme passive, qu'il ne s'est borné à associer l'idée du moi, dépouillée de toute forme grammaticale, à la conception d'une action étrangère exercée sur lui.

(1) La langue huastèque possède en effet, comme la plupart de celles d'Amérique, plusieurs formes de pronoms, suivant que ces pronoms sont indépendants, régissant le verbe, ou régis par lui: *nin* ne sert que pour ce dernier cas. La syllabe *ta* indique que l'objet est exprimé avec le verbe; mais on ne la place ainsi en avant que quand l'objet est à la 1re ou à la 2e personne. Toute cette manière de désigner l'objet avec le verbe est fort digne d'attention dans la langue huastèque.

Quel immense abîme sépare une langue pareille de la plus parfaite et de la plus cultivée que nous connaissions, la langue grecque! Dans la structure de ces périodes que règle un art merveilleux, la disposition des formes grammaticales les unes à l'égard des autres forme un ensemble complet et harmonieux qui augmente la force des idées, et qui, en lui-même, satisfait l'esprit par la beauté de son ordonnance et de son rhythme. De là naît un charme particulier qui accompagne la pensée et la revêt, pour ainsi dire, légèrement; à peu près comme dans certaines œuvres de la statuaire antique, indépendamment de l'admirable arrangement des figures elles-mêmes, les contours seuls des groupes qu'elles forment offrent des lignes plaisantes à l'œil. Mais dans la langue cette belle ordonnance ne sert pas seulement au plaisir passager de l'imagination. La pensée gagne en pénétration quand les rapports grammaticaux répondent exactement aux rapports logiques, et l'esprit se sent toujours plus vivement attiré vers l'exercice de la pensée abstraite, de la pensée pure, quand la langue l'a déjà habitué à une séparation sévère des formes grammaticales.

Malgré cette énorme différence qui peut séparer deux langues placées à deux degrés si divers de développement, il faut pourtant avouer que, même parmi celles à qui on peut le plus justement reprocher leur manque de formes, beaucoup possèdent une foule d'autres moyens qui leur permettent d'exprimer une grande abondance d'idées, de désigner une grande variété de rapports entre ces idées par la combinaison habile et régulière d'un petit nombre d'éléments, enfin d'unir ainsi la brièveté à la force. Ce n'est pas en cela que consiste la différence de ces langues et des langues plus parfaites : s'il s'agit seulement d'exprimer le nécessaire, maniées et travaillées avec soin, elles pourront arriver à peu près aussi loin que les autres. Mais si elles possèdent beaucoup de ce côté, il leur manque de l'autre un point capital :

l'expression de la forme grammaticale comme telle, et la réaction puissante et salutaire que cette expression exerce sur la pensée.

Mais si l'on s'arrête un instant ici, et que l'on jette aussi un regard en arrière sur les langues les mieux cultivées, il pourra sembler que les choses s'y passent, à quelques différences près, d'une manière analogue, et que l'on est injuste envers les autres en leur adressant les reproches que nous venons de voir.

Toute combinaison ou tout assemblage de mots, dira-t-on, une fois qu'il est affecté à la représentation d'un rapport grammatical déterminé, peut bien passer pour une forme grammaticale véritable; peu importe après tout que cette représentation ait lieu au moyen de termes qui ont déjà une signification par eux-mêmes, et qui désignent quelque objet réel; peu importe que le rapport formel ne soit introduit que par une opération de la pensée. Il est même presque impossible en fait que la forme grammaticale véritable se présente jamais autrement, et ces langues qu'on élève en un rang supérieur, ces langues à l'organisation plus savante sont parties, elles aussi, d'une origine grossière: elles en portent encore en soi les traces visibles.

Il faut avouer que cette objection est considérable, et pour que le présent essai repose sur une base solide, elle demande à être éclaircie avec soin. Pour cela, il est nécessaire d'abord de reconnaître la part de vérité incontestable qu'elle contient, puis de déterminer ce qui néanmoins demeure juste et fondé dans les opinions qu'elle attaque.

Tout terme qui dans une langue forme le signe caractéristique d'un rapport grammatical, et sert à le désigner de telle sorte qu'il se représente toujours le même dans les mêmes cas, tout terme semblable est pour elle une forme grammaticale.

Dans la plupart des langues les mieux cultivées, il est facile de reconnaître encore aujourd'hui la réunion d'éléments qui ont été associés par le même procédé que dans les langues les plus grossières; et cette origine des formes grammaticales même véritables, par l'adjonction des syllabes significatives (par l'agglutination), a dû être à peu près générale. C'est ce qui résulte clairement de l'énumération des moyens que les langues ont à leur disposition pour représenter ces formes, — moyens qui se réduisent aux suivants :

1. Adjonction ou insertion de syllabes significatives, lesquelles ont formé autrefois ou forment encore des mots particuliers;

2. Adjonction ou insertion de lettres ou de syllabes dépourvues de signification par elles-mêmes, dans le but unique d'indiquer les rapports grammaticaux;

3. Changement de voyelles par le passage de l'une à l'autre ou par une modification de la quantité ou de l'accent;

4. Changement de consonnes dans le corps du mot;

5. Placement des mots qui dépendent les uns des autres, d'après des lois invariables;

6. Redoublement de syllabes.

Le simple placement des mots ne peut donner qu'un petit nombre de combinaisons, et, si l'on veut éviter toute espèce d'ambiguïté, ne peut désigner qu'un petit nombre de rapports. Il est vrai que, dans la langue du Mexique et dans quelques autres de l'Amérique, ce moyen devient d'un usage plus étendu par ce fait que le verbe reçoit en soi ou attache à soi des substantifs. Cependant il demeure, malgré tout, resserré dans d'étroites limites.

L'adjonction et l'insertion d'éléments dépourvus de signification, les changements de voyelles et de consonnes seraient, si un idiome se formait par une convention réelle, le moyen le plus naturel et le plus convenable. C'est là le vrai principe de la *flexion* en opposition avec l'*agglutination*; et il peut aussi bien exister des mots spéciaux qui répondent à des idées de formes qu'à des idées d'objets. Nous avons même vu plus haut qu'en principe ces derniers ne valent rien pour représenter les formes, puisqu'un mot ainsi fait exige à son tour une forme nouvelle pour lui servir de lien avec les autres. Mais il est malaisé de penser que jamais à l'origine d'une langue un pareil mode de représentation des formes ait pu prévaloir : car il présupposerait une conception nette et une distinction précise des rapports grammaticaux. Que si l'on vient à dire qu'il peut bien y avoir eu des nations douées d'un sens aussi net et aussi pénétrant du langage, ce n'est plus là dénouer la difficulté, mais la trancher. Que l'on se représente naturellement les choses, et l'on apercevra bien vite la difficulté qui surgit. Pour les mots qui désignent des objets, l'idée naît de l'aperception de l'objet, le signe de quelque analogie facile à en tirer, l'intelligence de l'action de le faire voir. Mais pour la forme grammaticale tout est bien différent. Elle ne peut être conçue, désignée et comprise que par son idée logique ou par un sentiment confus et obscur qui l'accompagne. Or l'idée même de cette forme ne peut se tirer que d'une langue déjà existante, et l'on manque aussi d'analogies suffisamment précises pour la désigner et rendre cette désignation intelligible. Le sentiment peut bien avoir donné naissance à quelques modes de représentation ; comme, par exemple, les voyelles longues et les diphthongues, et par conséquent cet arrêt, cette vibration plus prolongée de la voix qui, en grec et en allemand, caractérise le subjonctif et l'optatif. Mais comme la nature toute logique des rapports grammaticaux les met fort peu en relation avec l'imagination et le sentiment, les cas semblables doivent avoir été peu nombreux. On en trouve pourtant encore quelques-uns de fort remarquables dans les langues américaines. En mexicain, dans les mots qui se terminent par des voyelles, ou qui rejettent à dessein au pluriel leurs consonnes finales, le pluriel s'indique par une manière de prononcer la voyelle finale avec une aspiration très-forte, particulière à cette langue, et donnant lieu à un repos dans la prononciation. On y joint parfois aussi un redoublement de syllabes. *Ahuatl, femme; Teotl, Dieu :* pluriel, *ahuâ, teteô.* Certes il est impossible de figurer d'une façon plus sensible au moyen du son l'idée de la pluralité, que dans ces mots où la première syllabe est redoublée, où la dernière perd la consonne finale qui la terminait d'une façon nette et tranchée, où enfin la voyelle finale qui reste reçoit une intonation si prolongée et si marquée, que le son parait aller se perdre au loin dans les airs. Dans le dialecte méridional de la langue des *Guaranis*, le suffixe du parfait, *yma*, se prononce plus ou moins lentement, suivant que l'on parle d'un passé plus ou moins éloigné. Un pareil mode de représentation sort presque du domaine de la parole, et touche à celui de la pantomime (du langage d'action).

Mais si l'on excepte quelques cas peu nombreux analogues à ceux que nous venons de citer, l'expérience même dépose contre le caractère primitif de la flexion dans les langues. En effet, du moment que l'on se met à analyser une langue avec quelque exactitude, l'agglutination, l'adjonction de syllabes significatives se fait voir de toutes parts; là même où on ne peut plus en démontrer positivement l'existence, l'analogie conduit à l'admettre, et, pour le moins, il reste toujours incertain si autrefois elle n'a pas existé. Une agglutination manifeste peut bien aisément prendre toutes les apparences de la flexion; c'est ce que montreront clairement quelques exemples empruntés aux langues américaines. Dans la langue *Mbaya*, *daladi* veut dire: *tu jetteras;* et *nilabuilete, il a filé;* et le *d* et le *n* initiaux sont le caractère du futur et du parfait. Cette modification du verbe, faite au moyen d'un son unique, semble avoir tous les droits au nom de flexion véritable. Et pourtant il n'y a là que pure agglutination. Car les caractéristiques de ces deux temps sous leur forme complète, qui est encore souvent usitée, sont *quide* et *quine*; seulement on supprime le *qui*, et les syllabes *de* et *ne* perdent leur voyelle finale devant d'autres voyelles. *Quide* veut dire *tard, à l'avenir*; d'où *co-quidt* (*co*, de *noco*, jour), *le soir*. *Quine* est une particule qui signifie *et aussi*. A combien d'abréviations semblables de mots jadis significatifs les syllabes qui servent à la flexion dans nos langues ne doivent-elles pas sans doute leur origine! et qu'il serait faux de soutenir que là où les traces de l'agglutination ne se peuvent plus découvrir, la supposer c'est faire une hypothèse vaine et mal fondée! La flexion véritable comme forme primitive est assurément dans toutes les langues un phénomène rare. Néanmoins il faut toujours traiter les cas douteux avec la plus grande circonspection. Car c'est, je crois, une chose prouvée par ce que nous avons dit ci-dessus, qu'il y a quelquefois flexion à l'origine, et par conséquent elle peut se trouver, aussi bien que l'agglutination, dans des formes où seulement il est impossible de la reconnaître aujourd'hui. Il faut même, à ce que je pense, aller encore plus loin; il faut se garder de méconnaître que l'esprit personnel d'un peuple, d'une race, peut être plus heureusement doué que celui des autres des qualités nécessaires pour la formation du langage et pour l'intelligence des formes abstraites de la pensée (deux choses inséparablement unies). Un peuple semblable, si d'abord, comme tous les autres, il rencontre à la fois devant lui l'agglutination et la flexion, fera un usage plus fréquent et plus intelligent de la dernière, saura plus promptement et plus sûrement changer la première en la seconde, et mettra plus vite la première entièrement de côté. En d'autres cas, les circonstances extérieures, les emprunts d'une langue à une autre, peuvent donner à la formation du langage un essor plus rapide et plus puissant; de même que des influences opposées seront cause que les langues se traîneront longtemps dans un triste état d'imperfection.

Tous les moyens que nous venons de signaler sont des moyens naturels, et qui trouvent également leur explication dans l'essence même de l'homme et dans les circonstances de la vie des nations. Je n'ai voulu que repousser l'opinion qui attribue à certains peuples, dès leur origine, une formation du langage s'opérant exclusivement par la flexion et par un développement intérieur, et qui refuse absolument à certains autres toute formation de cette nature. Cette division, beaucoup trop systématique, me paraît s'écarter des voies naturelles du développement des choses humaines, et même, si j'ai le droit de m'en rapporter à mes propres recherches, elle est contredite par l'expérience, comme le prouve l'étude attentive d'un grand nombre de langues diverses.

A l'agglutination et à la flexion vient se joindre encore un troisième mode de formation très-fréquent que l'on doit ranger dans la même classe que la flexion, parce qu'il suppose toujours un dessein arrêté : c'est quand l'usage donne à un mot l'empreinte spéciale d'une forme grammaticale déterminée, sans que ce mot, soit par agglutination, soit par flexion, porte rien en soi qui caractérise précisément cette forme.

Le redoublement des syllabes repose sur le sentiment confus qu'éveillent certains rapports grammaticaux. Là où ce rapport emporte avec soi redoublement, renforcement, extension de l'idée, le redoublement de la syllabe est à sa place. S'il n'en est rien, comme on le voit si souvent dans quelques idiomes de l'Amérique, et dans tous les verbes de la 3e conjugaison de l'ancienne langue de l'Inde, il doit sa naissance à une simple particularité phonétique. On peut dire la même chose du changement des voyelles. Il n'y a pas de langue où il soit si fréquent, si important et si régulier que dans le sanscrit. Mais il est très-rare qu'il constitue le signe caractéristique des formes grammaticales. Il se trouve seulement uni à quelques-unes de ces formes, et le plus souvent à plusieurs à la fois; de telle sorte qu'il faut bien chercher ailleurs le signe caractéristique de chacune d'elles.

Ainsi l'adjonction de syllabes significatives reste toujours le moyen le plus important et le plus fréquent qui serve à constituer les formes grammaticales. En ce point, les langues grossières et les langues cultivées se valent. On se tromperait fort, en effet, si l'on pensait que, chez les premières, chaque forme se décompose d'abord en éléments distincts et individuellement reconnaissables. Non, elles aussi possèdent des formes dont le seul caractère distinctif consiste en des sons simples, isolés, qu'on pourrait fort bien, sans songer à l'agglutination, prendre pour des sons indiquant la flexion. En mexicain, le futur se désigne, suivant la différence des mots racines, par plusieurs de ces lettres isolées; l'imparfait, par un *ya* ou un *a* final. *O* est l'augment du prétérit, comme *a* en sanscrit et *ε* en grec. Rien dans la langue n'indique que ces sons soient des débris de mots anciens; et si en grec et en latin on refuse de considérer les cas analogues comme des cas d'agglutination dont l'origine est à présent inconnue, il faudra bien reconnaître ici dans le mexicain, au même titre que dans les langues classiques, l'existence de la flexion. Dans la langue *Tamanaca*, *tarecoha* (ce verbe signifie *porter*) est un présent; *tarecche*, un prétérit; *tarecchi*, un futur. Je ne cite ces exemples que pour prouver que l'opinion qui prétend assigner exclusivement la flexion à certaines langues, et à d'autres l'agglutination, ne paraît soutenable d'aucun côté, lorsqu'on pénètre plus avant dans l'étude des langues particulières et qu'on arrive à une connaissance plus approfondie de leur structure.

Si donc l'on est forcé d'admettre l'existence de l'agglutination même dans les langues supérieures, si même, en beaucoup de cas, on l'y reconnaît manifestement, il faut reconnaître aussi la justesse de cette objection, que *chez* elles, comme chez les autres, l'idée du vrai rapport grammatical n'est introduit dans les mots que par une opération de la pensée. Dans *amavit*, ἐποίησας se rencontrent incontestablement à la fois des signes du mot racine, du pronom et du temps, tandis que l'idée véritable du verbe, qui consiste dans la synthèse du sujet et de l'attribut, ne s'y trouve représentée par aucun signe particulier, et y doit être en effet introduite par la pensée. Si l'on répond que, sans vouloir porter un jugement absolu sur ces formes, il se peut bien que le verbe auxiliaire soit incorporé dans plusieurs d'entre elles et indique cette synthèse, la réponse sera insuffisante; car le verbe auxiliaire a besoin d'être expliqué lui-même, et on ne peut imaginer une série indéfinie de verbes auxiliaires emboîtés les uns dans les autres.

Mais toutes ces concessions ne détruisent point la différence qui existe entre des formes grammaticales véritables, comme *amavit*, et les combinaisons de mots ou de syllabes que la plupart des langues grossières font servir à désigner les rapports grammaticaux. Cette différence consiste en ce que les expressions de la première espèce semblent véritablement jetées et fondues dans une forme unique; celles de la seconde formées au contraire d'éléments qui sont simplement rangés à la suite l'un de l'autre. Dans le premier cas, la coalescence parfaite de l'ensemble fait oublier la signification de chacune des parties; la forte liaison de ces parties sous un accent unique modifie en même temps leur accent particulier et souvent même leur son; et c'est ainsi que l'unité de la forme achevée, dont souvent le grammairien, dans ses recherches, ne peut plus démêler les éléments, devient le signe d'un rapport grammatical déterminé. On conçoit comme unité ce qu'on ne trouve jamais séparé; on considère comme formant un corps véritable, un organisme fixe et vivant, ce qu'il serait impossible de décomposer pour en faire d'autres combinaisons arbitraires; on ne peut prendre enfin pour une partie indépendante ce qui ne se présente jamais comme tel dans la langue. Comment s'est accompli ce travail? peu importe pour le résultat produit. Le signe actuel du rapport, quelque indépendance, quelque signification propre qu'il ait pu avoir, s'est transformé en ce qu'il devait être, en une simple modification attachée à une idée toujours la même. Le rapport grammatical, qui primitivement n'était introduit dans ces éléments significatifs que par un acte de la pensée, existe maintenant en réalité dans la langue, par suite de la réunion des parties en un tout fixe et homogène ; l'oreille l'y entend, l'œil l'y voit.

Ce n'est pas que les langues qu'atteint le reproche de ne pas posséder de formes grammaticales d'une nature aussi abstraite n'aient aussi beaucoup de points de ressemblance avec celles que nous venons de décrire.

Leurs éléments, bien que rangés seulement sans liaison à la suite les uns des autres, se confondent aussi le plus souvent en un seul mot et se groupent sous un seul accent. Mais d'une part ce fait ne se produit pas toujours, et de l'autre il se rencontre en même temps diverses circonstances accessoires qui viennent plus ou moins dénaturer le vrai caractère de la forme. Les éléments qui la constituent sont susceptibles de séparation et de déplacement ; chacun d'eux conserve le son qui lui était propre, sans retranchement ni altération ; ils se trouvent ailleurs dans la langue avec une existence indépendante, ou peuvent servir encore à d'autres liaisons grammaticales, par exemple des affixes pronominaux faisant fonction de pronoms possessifs avec les noms, et des pronoms personnels avec les verbes ; les mots, encore dépourvus de flexion, ne portent point en eux, comme il doit arriver dans une langue où l'esprit grammatical a pénétré profondément, les marques distinctives des diverses parties d'oraison ; c'est l'adjonction d'éléments grammaticaux qui seule leur en donne le caractère : la structure générale de la langue est telle, que les recherches se trouvent immédiatement et naturellement amenées à une œuvre de séparation de ces éléments, séparation qui réussit sans grande peine ; enfin, à côté de la représentation des rapports grammaticaux au moyen de formes ou de combinaisons de mots qui s'en rapprochent, on trouve les mêmes rapports indiqués aussi par une simple juxtaposition de mots où il est manifeste que la pensée seule doit introduire l'idée de la liaison.

Or, suivant que les circonstances que nous venons d'énumérer se trouvent réunies dans une langue, ou s'y présentent seulement à l'état de faits isolés, cette langue est d'autant moins ou d'autant plus favorable au développement de la pensée abstraite, et son mode de représentation des rapports grammaticaux s'écarte d'autant plus ou moins du type véritable des formes grammaticales. Ce ne sont pas en effet les cas qui s'offrent isolés et disséminés dans la langue, c'est ce qui fait la nature de son action sur l'esprit, qui peut et doit décider sur ce point. Et cela même dépend de l'impression générale et du caractère de l'ensemble. Les phénomènes particuliers ne peuvent être allégués que comme nous l'avons fait plus haut, pour réfuter des assertions trop hardiment généralisées. Mais ils ne sauraient jamais faire méconnaître l'inégalité du rang que peuvent occuper deux langues d'après l'ensemble de leur constitution.

Plus une langue s'éloigne de son origine, plus elle gagne, toutes circonstances égales d'ailleurs, sous le rapport de la forme. Le seul fait d'un usage prolongé rend la fusion plus complète et l'union plus forte entre les éléments des combinaisons de mots ; il efface leurs sons particuliers et rend leur ancienne forme, leur forme indépendante, moins reconnaissable. Car il m'est impossible d'abandonner la conviction que toutes les langues ont dû partir principalement de l'agglutination.

Tant que les signes des rapports grammaticaux sont considérés comme se composant d'éléments isolés, plus ou moins séparables, on peut dire que celui qui parle fait lui-même les formes à chaque moment du discours, bien plutôt qu'il ne se sert de formes déjà existantes. Alors on voit naître d'ordinaire une variété bien plus grande de ces formes. Car l'esprit humain a une disposition naturelle à aspirer au complet en tout; et tout rapport, quelque rarement qu'il vienne à se présenter, tend au même titre et dans le même sens que tous les autres à devenir forme grammaticale. Là, au contraire, où la forme s'entend en un sens plus rigoureux, où elle est fixée par l'usage, et où dès lors le discours habituel ne constitue plus une création de formes perpétuellement renouvelée, il n'en existe que pour les rapports qu'on a besoin de désigner fréquemment; pour ce qui revient plus rarement, on a recours à des périphrases, ou bien on le désigne par des mots spéciaux, ayant leur existence propre. Cette marche des choses s'explique encore par deux autres circonstances. C'est d'abord que l'homme non cultivé aime à concevoir et à représenter les choses sous tous leurs rapports, leurs aspects particuliers, non pas seulement ceux qui sont nécessaires au but actuel qu'il se propose. C'est qu'ensuite certaines nations ont l'habitude de resserrer des phrases tout entières en des espèces de formes ou soi-disant telles, par exemple d'enfermer au sein même du verbe l'objet qu'il régit, surtout quand c'est un pronom. De là vient que ce sont tout justement les langues auxquelles manque essentiellement l'idée véritable de la forme, qui possèdent la plus étonnante multitude de ces formes prétendues, dont la réunion compose un système complet, soumis aux lois d'une rigoureuse analogie.

Si la supériorité des langues dépendait de la quantité et de la régularité rigoureuse des formes, de la multiplicité des expressions qui servent à désigner les moindres particularités, comme dans la langue des Abipones, où le pronom de la troisième personne est différent selon qu'on conçoit l'homme comme présent ou absent, comme debout, assis, couché ou marchant, on voit qu'il faudrait placer beaucoup d'idiomes des sauvages au-dessus des langues des peuples les plus civilisés : et c'est ce qui arrive assez fréquemment même de nos jours. Mais comme on ne peut raisonnablement estimer la valeur relative des langues que d'après la façon dont elles se prêtent au développement des idées, on reconnaît que c'est tout l'opposé qui est vrai. Cette multiplicité de formes entrave en effet et arrête le développement des idées, bien plus qu'elle ne le favorise : c'est un embarras pour l'esprit que d'être forcé de recevoir dans un aussi grand nombre de mots une foule de désignations accessoires et particulières qui ne peuvent lui être utiles dans tous les cas.

Jusqu'ici je n'ai parlé que des formes grammaticales ; mais il existe encore dans toutes les langues des mots grammaticaux auxquels peut s'appliquer également presque tout ce qui est vrai des formes. Ce sont principalement les prépositions et les conjonctions. Ces mots représentent des rapports grammaticaux ; il s'élève sur leur origine comme vrais signes de rapports les mêmes difficultés que sur l'origine des formes. La seule différence, c'est que tous ne peuvent pas, comme les formes pures, se tirer d'idées pures, mais supposent et exigent des notions expérimentales, comme l'espace et le temps. En conséquence, on est fondé à douter (quoique récemment encore Lumsden ait vivement soutenu cette opinion dans sa grammaire persane) qu'il ait existé dès le principe des prépositions et des conjonctions, au vrai sens du mot. Toutes ont vraisemblablement, selon la théorie plus juste de Horne Took, tiré leur origine de termes concrets, servant à désigner des objets. Dans ce cas, l'action qu'exerce la langue sur sa propre grammaire dépend du degré dans lequel, après leur origine, ces particules s'éloignent ou demeurent rapprochées de leur caractère originel. Je ne pense pas qu'aucune langue puisse fournir à l'appui de ce qu'on vient de voir d'exemple plus frappant que la mexicaine dans ses prépositions. Elle en possède trois sortes différentes : 1° celles où, quelque vraisemblable que soit aussi chez elles une pareille origine, l'on ne peut plus découvrir en aucune façon la forme d'un substantif, par exemple *c*, *dans* ; 2° celles où l'on trouve une préposition associée à un élément inconnu ; 3° celles enfin qui renferment manifestement un substantif joint à une préposition; comme, par exemple, *itic*, *dans*, qui est à proprement parler un composé de *ite*, *ventre*, et de *c*, *dans ; dans le ventre*. *Ilhuicatl itic* ne signifie donc pas, comme on le traduit, *dans le ciel*, mais *dans le ventre du ciel*, *ciel* étant au génitif. Les pronoms ne peuvent s'unir qu'aux prépositions des deux dernières espèces, et ce ne sont jamais les pronoms personnels, mais les pronoms possessifs que l'on prend, ce qui dénote bien la présence du substantif caché dans la préposition. *Notepotzco* se traduit, il est vrai, par *derrière moi*, mais veut dire proprement *derrière mon dos ;* de *teputz*, *le dos*. On peut voir ici par quelle progression le sens primitif s'est perdu, et saisir en même temps le travail exercé sur la formation de la langue par l'esprit du peuple, qui, lorsqu'un substantif comme *ventre* ou *dos* devait être employé dans le sens d'une préposition, y joignait une préposition déjà existante, pour ne pas laisser les mots sans liaison grammaticale. C'est de la même manière qu'est formé *adinstar* en latin, et *inmitten* en allemand. La langue *Mixtèque*, arrivée en ce point à une forme grammaticale moins parfaite, exprime *devant*, *derrière la maison*, justement par *chisi*, *sata huahi*, c'est-à-dire : *ventre*, *dos*, *maison*.

Le rapport qui s'établit dans les langues entre les flexions et les mots grammaticaux devient la source de nouvelles différences parmi elles. On voit, par exemple, que telle langue exprime des relations déterminées plutôt par les cas, et telle autre par les prépositions; que l'une marque les temps de préférence au moyen de la flexion, et l'autre au moyen des verbes auxiliaires. Car ces verbes auxiliaires, lorsqu'ils désignent simplement les rapports des parties de la phrase entre elles, ne sont aussi que des mots grammaticaux. Le grec τυγχάνειν n'a plus véritablement de signification concrète connue. En sanscrit, on emploie de la même manière, mais bien plus rarement, *schtha (stare)*. Sur ce point encore, il est aisé d'établir, d'après des principes généraux, la règle qui doit servir à estimer la valeur des langues. Là où les rapports à désigner découlent et participent simplement de la nature d'un rapport plus élevé et plus général, sans qu'il vienne s'y ajouter aucune notion particulière, ce rapport sera mieux représenté par la flexion : s'il en est autrement, les mots grammaticaux seront préférables. Car la flexion, entièrement privée de sens par elle-même, ne contient rien que la pure idée du rapport. Dans le mot grammatical se trouve en outre la notion accessoire qu'on applique au rapport pour le déterminer, et qui, là où la pensée pure ne suffit pas, doit toujours venir s'y ajouter. C'est par cette raison que le troisième et même le septième cas de la déclinaison sanscrite ne sont point des avantages que l'on doive envier à cette langue : les rapports qu'ils expriment ne sont pas assez bien déterminés pour pouvoir se passer d'être précisés et définis plus nettement à l'aide d'une préposition. Il y a encore un troisième degré, mais qu'excluent toujours les langues qui ont une véritable culture grammaticale, c'est quand un mot, pris dans toute la plénitude de son sens concret, est marqué du signe du mot grammatical, comme nous en avons vu plus haut des exemples pour les prépositions.

Ainsi, que l'on considère les flexions ou les mots grammaticaux, on est toujours ramené au même résultat. Il se peut que des langues soient capables d'exprimer la plupart, peut-être même la totalité des rapports grammaticaux avec une clarté et une précision suffisantes ; il se peut même qu'elles possèdent une grande variété de prétendues formes grammaticales, et que cependant, dans l'ensemble comme dans le détail, le manque de formes véritables soit inhérent à leur nature.

Jusqu'ici je me suis principalement efforcé de distinguer des formes grammaticales, les analogues de ces formes par où les langues cherchent d'abord à s'en approcher. Bien persuadé que rien ne porte un aussi notable préjudice à l'étude des langues que les raisonnements généraux qui ne s'appuient sur aucune connaissance réelle, j'ai, autant qu'il se pouvait faire sans donner dans des développements excessifs, apporté des exemples à l'appui de tous les cas particuliers ; tout en sentant parfaitement que l'étude complète au moins d'une des langues que nous avons considérées ici peut seule porter dans l'esprit une conviction véritable. Pour arriver à un résultat définitif, il est nécessaire à présent d'embrasser dans une vue d'ensemble et sans aucun mélange de faits les deux termes de la question qui nous occupe.

Quand on étudie l'origine et l'influence de la forme grammaticale, tout se réduit à un point capital, qui est de bien distinguer la représentation des objets et des rapports, des choses et des formes.

La parole, en tant que matérielle et concrète, et conséquence d'un besoin réel, ne tend immédiatement qu'à la représentation des choses ; la pensée, en tant qu'abstraite et idéale, tend toujours vers la forme. Par conséquent une force de pensée supérieure imprime à la langue un caractère de formalité, et réciproquement un caractère dominant de formalité dans la langue augmente la puissance de la faculté de penser.

I. ORIGINE DES FORMES GRAMMATICALES.

Dans le principe, la langue n'a de signes que pour les objets, et elle laisse à celui qui entend le soin d'ajouter par la pensée les formes qui servent de lien au discours.

Mais elle cherche à faciliter cette opération de la pensée en formant des combinaisons de mots et en appliquant à l'expression des rapports et de la forme des mots qui servent à désigner des objets et des choses.

Ainsi se produit à son plus bas degré la représentation grammaticale, au moyen de locutions, de constructions, de phrases.

Ces premiers moyens sont ensuite assujettis à une certaine régularité; la combinaison des mots devient constante; les mots eux-mêmes perdent peu à peu leur valeur indépendante, la qualité qu'ils avaient d'être signe d'objets, leur son primitif.

Ainsi se produit à son second degré la représentation grammaticale, au moyen de combinaisons de mots fixes, et de termes encore indécis entre la désignation des objets et celle des formes.

Les combinaisons de mots gagnent en unité, les mots représentatifs de la forme s'y ajoutent et deviennent des affixes. Seulement le lien n'est pas encore très-solide, les points d'attache restent visibles, l'ensemble est un agrégat, et non pas une unité.

Ainsi se produit à son troisième degré la représentation grammaticale par des *analogues* de formes.

La formalité se fait enfin jour. Le mot est une unité modifiée seulement, suivant ses relations grammaticales, par un changement de son qui constitue la flexion; chaque mot appartient à une partie d'oraison déterminée, et n'a plus seulement une individualité lexicologique, mais grammaticale; les mots affectés à la représentation de la forme n'ont plus de signification accessoire, qui trouble l'intelligence; ils sont devenus de purs signes de rapports.

Ainsi se produit à son degré le plus élevé la représentation grammaticale, au moyen de formes véritables, de flexion, et de mots purement grammaticaux.

Le caractère essentiel de la forme consiste dans son unité, et dans la prédominance marquée du mot auquel elle appartient sur les sons accessoires qui lui sont joints. Ce résultat est sans doute favorisé par la disparition graduelle du sens propre des éléments et par la suppression de certains sons qu'un long usage élimine. Mais l'origine de la langue ne saurait s'expliquer tout entière par l'action purement mécanique de forces inanimées, et jamais il ne faut en ce sujet perdre de vue l'influence qu'exercent la puissance et le caractère individuel de la pensée.

L'unité du mot est due à l'accent. Or l'accent est en soi d'une nature plus immatérielle que les syllabes accentuées elles-mêmes, et on l'appelle avec raison l'âme du discours, non pas seulement parce que sa présence seule le rend proprement intelligible, mais encore parce qu'il est plus réellement et plus immédiatement que tout autre élément du langage, comme la vivante émanation du sentiment qui accompagne le discours. Il mérite encore ce nom quand, par l'unité qu'il leur donne, il marque les mots de l'empreinte de la forme grammaticale : car, comme les métaux, pour se fondre et s'unir rapidement et intimement, ont besoin de la chaleur d'une flamme vive et forte, de même la fusion des formes nouvelles ne réussit jamais que par l'acte énergique d'une pensée forte qui tend à une détermination précise de la forme. La même action de la pensée se reconnaît encore dans les autres caractères de la forme ; de sorte qu'il demeure incontestablement vrai que, quelles que soient d'ailleurs les destinées d'une langue, elle n'atteint jamais une constitution grammaticale excellente, quand elle n'a pas l'heureux privilége d'être parlée au moins une fois par une nation à l'intelligence vive ou à la pensée profonde. Hors de là, rien ne peut la tirer de cet état de demi-culture, de cette médiocrité où elle languit avec des formes péniblement assemblées et qui jamais ne donnent à la pensée l'impulsion vigoureuse.

II. INFLUENCE DES FORMES GRAMMATICALES.

La pensée, qui se produit au moyen du langage, est dirigée soit vers un terme extérieur et matériel, soit vers elle-même, c'est-à-dire vers un terme spirituel. Dans cette double direction, elle a besoin de la clarté et de la précision des idées, et ces qualités dans la langue dépendent en grande partie du mode de représentation des formes grammaticales.

Quand elles ne sont représentées que par des circonlocutions et des phrases entières, par des combinaisons de mots non encore soumises à des règles fixes, ou même par des analogues de formes, tous ces moyens engendrent souvent l'ambiguïté et la confusion.

Or, si l'intelligence est gênée, et si par conséquent le but extérieur du langage n'est pas atteint, il arrive le plus souvent que l'idée elle-même demeure indéterminée, et que, dans les cas où, comme idée, elle prête manifestement à être entendue de deux manières différentes, ces deux aspects de l'idée restent confondus.

Que si la pensée se tourne non pas seulement à une occupation extérieure, mais à une véritable spéculation intérieure, de cette première condition de la clarté et de la précision des idées naissent encore de nouvelles exigences qu'il est très-difficile de satisfaire par la voie imparfaite dont nous parlions.

Car toute pensée aspire à l'unité et à l'absolu. L'ensemble des tendances de l'humanité se dirige vers la même fin : en dernière analyse, l'activité humaine ne poursuit pas d'autre but que la loi, qu'elle veut ou découvrir par ses recherches, ou établir sur un solide fondement.

Or la langue, pour bien s'approprier aux besoins de la pensée, doit, autant que possible, en reproduire l'organisme dans sa propre structure. Autrement, elle, qui doit être symbole en tout, sera justement un symbole infidèle et imparfait de ce à quoi elle se trouve le plus immédiatement unie. Tandis que d'une part la masse des mots qu'elle possède donne la mesure de l'étendue du monde qu'elle embrasse, de l'autre sa structure grammaticale représente pour ainsi dire l'idée qu'elle se fait de l'organisme de la pensée.

Le langage doit accompagner la pensée. Il faut donc que celle-ci puisse à son aide passer par une suite continue d'un élément à l'autre ; il faut qu'elle trouve en lui des signes tout prêts pour tout ce qui est nécessaire à son travail d'enchaînement des idées. Sans quoi on verra se former des lacunes où il l'abandonnera au lieu de l'accompagner.

Enfin, bien que l'esprit tende toujours et partout vers l'unité et l'absolu, il ne peut cependant développer ces deux idées que peu à peu, en les tirant de son propre fonds, et qu'avec l'aide de moyens matériels. Parmi les plus puissants de ces moyens, il rencontre la langue qui déjà pour son propre compte, pour son but le moins élevé et le plus concret, a besoin de règle, de forme, de loi. Aussi, plus il y trouve déjà réalisés ces caractères qu'il cherche lui-même de son côté, plus il peut s'unir intimement avec elle.

Si l'on considère les langues au point de vue de toutes ces conditions exigées d'elles, on arrive à reconnaître qu'elles ne peuvent les remplir, ou du moins les remplir supérieurement, qu'autant qu'elles possèdent de vraies formes grammaticales, et non pas seulement des analogues de ces formes ; et par là se manifeste la différence dans toute son importance.

La condition première et essentielle que l'esprit impose au langage, c'est de séparer nettement la chose et la forme, l'objet et le rapport, et de ne jamais les confondre l'un avec l'autre. La langue, en l'habituant à ces confusions, ou en lui rendant la distinction plus difficile, paralyse et fausse d'autant son activité intérieure. Or, cette distinction ne commence véritablement qu'à la naissance des vraies formes grammaticales, exprimées par la flexion, ou par les mots grammaticaux, comme nous l'avons vu plus haut en présentant le tableau des divers degrés de représentation de ces formes. Dans toute langue qui ne connaît que des analogues de formes, il reste toujours quelque partie de matière, dans la désignation des rapports grammaticaux où tout doit être forme.

Là où l'œuvre de fusion de la forme, telle que nous l'avons décrite plus haut, n'a pas complétement réussi, l'esprit s'imagine toujours en voir encore les éléments séparés, et alors la langue ne lui présente plus cette conformité qu'il y cherche avec les lois de sa propre activité.

Il sent des lacunes, il s'efforce de les combler : il n'a pas affaire à un nombre limité de termes cohérents et bien formés, mais à une multitude embarrassante de termes mal faits et mal joints : il ne peut donc procéder avec la même promptitude et la même aisance, ni trouver le même plaisir que lui donne un travail simple et commode d'enchaînement des idées particulières avec les plus générales, au moyen d'une langue dont les formes sont bien appropriées à ce travail, et bien conformes aux lois qui le gouvernent lui-même.

On voit par là, si l'on réduit la question à sa dernière expression, qu'une forme grammaticale, quand même elle ne renferme en soi aucun autre élément que ceux qui existent dans l'*analogue*, qui ne la remplace jamais complétement, est pourtant quelque chose de tout différent, au point de vue de l'action qu'elle exerce sur l'esprit, et que cette différence d'action provient de son unité, où se reflète la puissance et la nature de la pensée qui l'a créée.

Dans toute langue qui n'a pas atteint une culture grammaticale semblable, l'esprit trouve reproduit d'une façon défectueuse et imparfaite le système général des rapports qui servent à la liaison du discours; et c'est justement cette reproduction exacte et complète qui est la condition indispensable du travail aisé et heureux de la pensée. Il n'est pas nécessaire qu'il arrive lui-même à une conscience nette de ce système : c'est un point qui a manqué à plusieurs nations, même parmi les plus civilisées. Il suffit que l'esprit, qui instinctivement et sans s'en rendre compte procède toujours d'après ce système, trouve dans le langage, pour chacune de ses parties, une expression correspondante, et ainsi faite qu'elle le conduise naturellement à saisir une autre partie avec justesse et précision.

Si nous considérons à présent la réaction de la langue sur l'esprit, la forme grammaticale véritable, lors même que l'attention ne se porte pas à dessein sur elle, produit et laisse l'impression d'une forme, et favorise ainsi le développement de la pensée abstraite. En effet, comme cette forme contient purement et simplement l'expression du rapport, dégagée de tout élément concret qui pourrait égarer l'entendement, et comme celui-ci y aperçoit une modification de l'idée primitive contenue dans le mot, il est amené nécessairement à saisir l'idée même de forme. Si, au contraire, la forme n'est pas pure, il ne le peut plus, car il n'y découvre pas assez nettement l'idée de rapport, et de plus il est distrait par la présence d'idées accessoires. Ces deux résultats se présentent même dans le langage le plus ordinaire, et pour toutes les classes d'une nation. Là où l'action de la langue est favorable, il se produit dans les idées en général une grande clarté et une grande précision, et dans les esprits en général une disposition notable à concevoir plus facilement ce qui est purement abstrait. Enfin, il est dans la nature de l'esprit que cette disposition, une fois existante, aille se développant sans cesse; tandis que, si la langue présente à l'entendement les formes grammaticales impures et défectueuses, plus la durée de cette influence se prolonge, plus il devient difficile de se soustraire à cet obscurcissement du côté abstrait et formel de la pensée.

Aussi, quoi qu'on dise de la faculté que peuvent avoir les langues dont la grammaire est défectueuse de favoriser le développement des idées, il demeure toujours très-difficile à concevoir qu'une nation, prenant pour base, sans la modifier, une langue pareille, puisse s'élever d'elle-même à un haut degré de culture scientifique. L'esprit, en effet, ne reçoit pas de la langue, ni la langue de l'esprit ce qui leur est nécessaire à tous deux; et le premier fruit de leur action réciproque, pour qu'elle devînt salutaire, devrait être une transformation de la langue elle-même.

Ainsi se trouvent établis, autant qu'il se peut faire pour des objets de cette nature, les marques qui servent à distinguer les langues bien faites sous le rapport grammatical, de celles qui ne le sont pas. Il n'en est pas une peut-être qui puisse se vanter d'une conformité parfaite avec les lois générales du langage, pas une qui soit également formée dans tout son ensemble et dans toutes ses parties; de même que parmi celles qui occupent les rangs inférieurs, on en trouverait beaucoup qui se rapprochent en des degrés divers d'une organisation plus élevée. Et pourtant la distinction sur laquelle on s'appuie pour séparer les langues en deux classes bien tranchées n'est pas purement relative et bornée à une différence de *plus* ou de *moins* : c'est une distinction véritablement absolue, puisque la présence ou l'absence de la forme comme caractère dominant se manifeste toujours d'une manière sensible.

Que les langues qui possèdent des formes grammaticales soient seules parfaitement appropriées au développement des idées, c'est un fait qu'on ne saurait nier. Quel parti peut-on encore tirer des autres, telles qu'elles sont? c'est ce qu'il faut demander à l'épreuve et à l'expérience de déterminer. Il est du moins un point qui reste assuré : c'est que jamais elles ne seront en état d'agir sur l'esprit au même degré et de la même manière que les premières.

L'exemple le plus frappant d'une littérature qui fleurit depuis des milliers d'années dans une langue presque entièrement dépourvue de toute grammaire, au sens ordinaire du mot, nous est fourni par la langue chinoise. On sait que, précisément dans ce qu'on appelle le vieux style, celui dans lequel furent composés les écrits de Confucius et de son école, et qui aujourd'hui encore s'emploie généralement pour tous les grands ouvrages de philosophie et d'histoire, les rapports grammaticaux sont représentés uniquement par la place qu'occupent les mots, ou bien par des mots isolés et sans lien : de façon que le lecteur reste souvent chargé du soin de deviner par l'enchaînement des idées s'il faut prendre tel ou tel mot pour un substantif, un adjectif, un verbe ou une particule (1). Le style des mandarins et le style littéraire ont tendu, il est vrai, à introduire dans la langue un peu plus de précision grammaticale, mais ils ne lui ont pourtant donné aucune forme véritable; et quant à l'ancienne littérature que nous venons de citer, la plus célèbre de cette nation, elle est entièrement étrangère à ce remaniement plus moderne de la langue.

Si, comme Et. Quatremère (2) a cherché avec tant de sagacité à le démontrer, la langue copte a été celle de l'ancienne Egypte, nous ne devons pas négliger ici de mentionner aussi la haute culture où il paraît que cette nation avait atteint. Car le système grammatical de la langue copte est, selon l'expression de Sylvestre de Sacy (3), entièrement synthétique, c'est-à-dire tel, que les signes grammaticaux y sont placés

(1) Grammaire chinoise, par M. Abel Rémusat, p. 35, 37.

(2) Recherches critiques et historiques sur la langue et la littérature de l'Égypte.

(3) Dans le Magasin encyclopédique de Millin, t. IV, 1808, p. 255, où sont développées également des idées aussi neuves qu'ingénieuses, au sujet de l'écriture hiéroglyphique et de l'écriture alphabétique, sur la formation grammaticale des langues.

isolément et sans lien en avant ou à la suite des mots qui désignent les objets. Sylvestre de Sacy le compare même en ce point au système chinois.

Or, s'il est vrai que deux peuples des plus remarquables aient pu atteindre le degré de culture intellectuelle où ils sont parvenus avec des langues entièrement ou presque entièrement dénuées de formes grammaticales, ne semble-t-il pas qu'on puisse tirer de ces faits une puissante objection contre la nécessité prétendue de ces formes? Mais d'abord il n'est nullement démontré que la littérature de ces deux peuples ait possédé justement les qualités qui développent surtout ces propriétés grammaticales des langues que nous considérons. Sans contredit, si une grande richesse et une grande variété de formes grammaticales commodément et nettement exprimées augmente la rapidité et la force de la pensée, c'est surtout dans les œuvres de dialectique et de l'art oratoire que ces mérites se font voir avec le plus d'éclat : aussi est-ce dans la prose attique que se sont le mieux déployées toute leur force et leur délicatesse. Pour le vieux style chinois, au contraire, ceux même qui portent d'ailleurs un jugement favorable sur la littérature de ce peuple avouent qu'il est vague et haché, de façon que celui qui lui succéda, pour mieux s'approprier aux besoins de la vie, dut se proposer d'acquérir plus de clarté, de précision et de variété. Voilà qui serait en réalité un témoignage en faveur de notre opinion. On ne connaît rien de la littérature de l'ancienne Égypte; mais tout ce que nous savons d'ailleurs des usages, de la constitution, des monuments, de l'art de ce remarquable pays, indique plutôt une civilisation sévère et purement scientifique, qu'une activité de l'esprit spontanément et naturellement tournée vers les idées pures. Enfin, quand même ces deux peuples auraient possédé précisément les qualités qu'on doit, au contraire, très-justement hésiter à leur attribuer, les opinions que nous avons développées plus haut n'en seraient point encore ébranlées. Quand l'esprit humain, favorisé par un concours de circonstances heureuses, réussit à appliquer tout l'effort de ses facultés à un travail, tout instrument lui est bon pour arriver au but, bien qu'il y arrive par une voie plus pénible et plus longue. Mais, pour avoir été vaincue, la difficulté n'en existait pas moins. Oui, les langues qui ne possèdent pas de formes grammaticales, ou qui n'en ont que de très-imparfaites, exercent sur l'activité intellectuelle une influence qui la trouble et la gêne, au lieu de la seconder; c'est ce qui ressort, je crois l'avoir montré, de la nature même de la pensée et de la parole. Dans la réalité, il peut exister des influences contraires qui atténuent ou qui détruisent les mauvais effets de celles-là. Mais dans les spéculations scientifiques, si l'on veut arriver à des conclusions nettes, il faut apprécier chaque influence en elle-même, comme un moment isolée, et comme si elle ne pouvait ou ne devait être contrariée par aucune autre influence étrangère : c'est la méthode que nous avons appliquée ici à l'étude des formes grammaticales.

Pour ce qui est de savoir dans quelle mesure les langues américaines peuvent atteindre aussi une culture avancée, la simple expérience ne saurait nous l'apprendre. Les écrits composés par des indigènes en langue mexicaine, et que l'on possède encore (1), ne datent que du temps de la conquête, et par conséquent portent déjà la trace d'une influence étrangère. Il est pourtant fort regrettable que l'on n'en connaisse aucun en Europe. Avant la conquête, il n'existait dans cette partie du monde aucun mode de représentation des idées au moyen de l'écriture. On pourrait déjà regarder ce fait comme une preuve qu'il ne s'y était élevé aucun peuple doué d'une

(1) A. de Humboldt : Essai politique sur le royaume de la Nouvelle-Espagne, p. 93.

Le même : Vues des Cordillères, et Monuments des peuples de l'Amérique, p. 126.

puissance d'esprit supérieure et suffisante pour arriver, en forçant les obstacles, jusqu'à l'invention de l'alphabet. Il est vrai que cette invention n'a dû avoir lieu qu'un très-petit nombre de fois, la plupart des alphabets étant sortis l'un de l'autre par voie de transmission.

Le sanscrit est parmi les langues que nous connaissons la plus ancienne et la première qui possède un système de formes grammaticales véritables, et cela avec une organisation si excellente et si complète, que, sous ce rapport, il ne s'est presque rien produit de nouveau par la suite. A côté d'elle se placent les langues sémitiques; mais c'est incontestablement la langue grecque qui a atteint dans sa structure le plus haut point de perfection. Maintenant comment ces langues diverses se classent-elles relativement l'une à l'autre, sous les différents rapports que nous avons considérés ici? à quels nouveaux phénomènes a donné lieu la naissance de nos idiomes modernes, sortis des langues classiques? Ce sont là des questions qui offriraient une abondante matière à des recherches plus étendues, mais aussi plus délicates et plus difficiles.

GUILLAUME DE HUMBOLDT.

ANALYSE

DE L'OUVRAGE INTITULÉ :

UBER DIE VERSCHIEDENHEIT

DES MENSCHLICHEN SPRACHBAUES, UND IHREN EINFLUSS AUF DIE GEISTIGE ENTWICKELUNG DES MENSCHENGESCHLECHTES

(De la diversité dans la constitution des langues et de son influence sur le développement intellectuel de l'humanité),

SERVANT D'INTRODUCTION A L'ESSAI SUR LA LANGUE KAWI.

Au début de ses considérations générales sur le langage et sur les langues, M. de Humboldt commence par un exposé rapide de ses idées sur la *civilisation*, et par un coup d'œil jeté sur la marche et le développement de l'esprit humain. En effet, la diversité des races, aussi bien que celle des langues sur le globe, sont subordonnées à un troisième phénomène, d'un ordre plus élevé, qui fournit l'explication des deux autres, et qui est le développement de l'intelligence humaine, sa manifestation sous des formes toujours nouvelles. Suivre la trace de cette marche et de ce progrès à travers les siècles, tel est le but final de l'histoire; et l'étude comparée des langues elle-même perd tout intérêt élevé, si elle ne s'attache surtout au point par où la langue tient au caractère particulier de chaque peuple et se modèle sur lui.

Si, partant de l'état actuel de civilisation du monde, on remonte, à travers les siècles, la longue série de causes et d'effets qui, par leur liaison, nous ont amenés au point où nous sommes, on découvrira bientôt un côté clair et un côté obscur : l'un se laissant aisément pénétrer et expliquer, l'autre se dérobant à toute recherche, et ne présentant pas, dès l'origine, un enchaînement de faits faciles à déduire les uns des autres. C'est qu'il y a dans le développement de la civilisation deux éléments, deux forces qui agissent simultanément. Il y a l'action fatale des conséquences qui sortent nécessairement de leurs principes une fois posés, des événements qui dérivent naturellement les uns des autres; puis l'action libre de l'homme qui intervient constamment dans cette marche régulière des choses, qui se jette en travers, et en contrarie ou en change le cours. C'est la seconde de ces actions qu'il n'est pas toujours possible de suivre et de pénétrer, parce qu'elle est libre. C'est elle qui fait le côté obscur de l'histoire. Plus l'on remonte haut, plus cette force intérieure et spontanée de l'esprit humain agit seule ; plus on descend, au contraire, plus on voit se grossir la masse des choses acquises, fixées, et transmises désormais de génération en génération.

De même pour les langues; elles n'apparaissent pas à l'origine telles qu'elles sont plus tard. La destinée des langues est intimement liée au développement intellectuel de l'humanité, et elle le suit dans toutes ses périodes de progrès ou de décadence; elle traduit à chaque époque l'état de civilisation correspondant. Mais il est une époque où nous la voyons non-seulement accompagner ce développement, mais en prendre tout à fait la place. Le langage sort, dans l'histoire de l'humanité, d'une profondeur telle, qu'il est impossible de le regarder comme une œuvre et une création des peuples. Il a, pour ainsi dire, en lui-même une action propre, spontanée, qui ne permet de le considérer que comme une émanation involontaire de l'esprit, comme un don venu du dehors, et non comme un instrument créé par la réflexion. Les langues cependant ont subi dans leur formation l'influence des peuples à qui elles appartiennent, et portent l'empreinte de leur caractère particulier. Cela prouve que ce n'est pas un pur jeu de mots de dire que le langage en lui-même est quelque chose de divin et d'indépendant de l'homme; et les langues, au contraire, quelque chose de soumis à l'action des peuples à qui elles appartiennent. C'est ainsi que des peuples innombrables peuvent modifier diversement et développer en mille langues différentes le germe, le don de la parole, déposé également chez tous. C'est ainsi que les langues *tout à la fois dominent* la marche de la civilisation et lui sont soumises. Elles la dominent : car la parole *existe* et *manifeste l'intelligence humaine*, les facultés de l'esprit; et ces facultés, une fois développées, réagissent à leur tour sur les langues et les soumettent à leurs propres vicissitudes.

Ainsi Humboldt regarde comme insoutenable l'opinion de ceux qui veulent faire du langage une invention de l'homme. Il y revient à plusieurs reprises. Le langage, selon lui, n'est pas quelque chose d'extérieur, d'accidentel, qui ne soit pas nécessaire à la pensée de l'homme, et qui ait été seulement imaginé pour faciliter les relations et entretenir le commerce des individus entre eux; c'est, au contraire, quelque chose d'intime, d'essentiel à son intelligence, d'inséparable de sa pensée, et d'indispensable pour le développement de ses forces, de ses facultés intellectuelles, pour la précision et la netteté de ses idées, pour la connaissance distincte du monde extérieur. Tel est le langage : un besoin de l'intelligence humaine, qui lui a été imposé et qu'elle ne s'est pas fait. Quant à la diversité des langues, elle doit être considérée comme résultant de la diversité d'efforts ou de succès avec laquelle ce besoin s'est développé chez les différentes races, suivant que ce développement a été favorisé ou contrarié par l'esprit ou le caractère de ces races.

Humboldt regarde cette influence, cette action mutuelle de la langue sur l'esprit des peuples, et de leur esprit sur leur langue, comme le fait capital à étudier. Pour lui, on ne saurait assez insister sur l'identité du langage et de l'intelligence, et voici comment il s'en explique : « L'esprit d'une nation et le caractère de sa langue sont si intimement liés ensemble, que si l'un était donné, l'autre devrait pouvoir s'en déduire exactement. »

La langue n'est autre chose que la manifestation extérieure de l'esprit des peuples; leur langue est leur esprit, et leur esprit leur langue, de telle sorte qu'en développant et perfectionnant l'un, ils développent et perfectionnent nécessairement l'autre. Jamais on ne pourra trop se les figurer identiques. La source commune où ils se réunissent et se confondent reste inaccessible à nos recherches; mais Humboldt conclut que, sans vouloir décider sur la priorité de l'un ou de l'autre, on doit, comme fondement de toute étude philosophique des langues, poser ces deux lois : d'une part, bien qu'en fait et dans l'histoire nous ne voyions jamais l'intelligence humaine et le langage séparés l'un de l'autre, bien que nous ne les distinguions que par une abstraction de l'esprit, et que la réalité ne nous offre aucune distinction semblable, nous sommes obligés de considérer la parole comme quelque chose de supérieur, de trop élevé pour être une œuvre humaine et une création de l'esprit; d'autre part, la forme des langues dans le genre humain n'est diverse qu'en tant qu'est divers aussi l'esprit et le caractère des nations. Ce sont là, comme aurait dit Bossuet, les deux bouts de la chaîne, qu'il faut tenir ferme, sans en lâcher aucun.

Maintenant, si, en théorie et en principe, nous regardons la forme d'une langue comme le produit de l'esprit du peuple qui la parle, et si de l'esprit nous concluons à la langue, nous sommes obligés, dans la pratique et dans les recherches historiques sur les langues, de retourner la proposition et de suivre une marche inverse, c'est-à-dire de conclure de la langue à l'esprit. En effet, dans les époques primitives où remonte notre étude, c'est à peu près par leur langue seule que nous connaissons les nations. Ainsi le *zend* est pour nous la langue d'une nation sur la vie et le caractère de laquelle nous n'avons que des conjectures tirées de cette langue même. C'est donc dans le caractère et la structure des idiomes que nous allons chercher des traces du caractère propre et original des peuples qui les ont employés. Voilà pourquoi il importe de pénétrer plus avant dans la nature intime des langues et dans l'étude de leurs éléments. Il faut éviter en cette étude de se perdre dans les détails, et s'attacher à saisir les traits généraux, la forme caractéristique de chaque langue. Mais d'abord qu'appelle-t-on une langue, par opposition, d'une part, à une famille de langues *(Sprachstamm)*, de l'autre à un dialecte?

La langue est quelque chose d'essentiellement et de constamment passager; car elle n'est que le travail de l'esprit, travail sans cesse renouvelé pour approprier le signe ou son articulé à l'expression de la pensée. On a déjà fait observer que, dans toute recherche sur les langues, nous nous trouvons toujours placés, pour ainsi parler, dans un milieu historique; c'est-à-dire que nous ne connaissons ni une langue ni une nation que nous puissions déclarer primitive. Il s'ensuit que ce travail intellectuel dont nous parlons s'exerce toujours sur une matière antérieurement donnée; il n'est jamais créateur; il ne peut que transformer. Son but, c'est l'intelligence, c'est d'être compris. Aussi personne ne doit-il parler à un autre d'une autre façon que celui-ci ne lui eût parlé dans des circonstances semblables. Enfin, ce qu'il y a de constant, d'uniforme, de partout semblable dans ce travail de l'esprit, voilà ce qui constitue ce que nous appelons la forme de la langue. Ainsi, par ce terme, *forme de la langue*, il ne faut pas entendre seulement la forme grammaticale, qui comprend les règles de la syntaxe et de la composition des mots; il s'applique surtout spécialement à la nature et à la formation des mots simples, des mots racines, par lesquels seuls on peut pénétrer dans l'essence même de la langue.

Pour bien saisir le caractère d'une langue, il faut donc étudier le son même qu'elle emploie et commencer par son alphabet. Il ne faut négliger dans cette étude aucun détail, aucun élément, quelque minutieux qu'il paraisse. Car c'est l'ensemble de tous ces détails qui constitue l'impression générale que fait une langue.

C'est la forme seule qui décide de l'identité ou de la parenté des langues. Ainsi le kawi, bien qu'ayant admis une grande quantité de mots sanscrits, ne laisse pas d'appartenir aux langues malaises par sa forme. Les formes de plusieurs langues différentes peuvent se réunir en une forme plus générale et d'un ordre plus élevé. Et pour prendre le point de vue le plus général de tous, les formes de toutes les langues se réunissent effectivement en une forme unique. Dans les langues, l'unité dans la variété, l'*individualisation* dans l'harmonie et l'accord universels sont si merveilleux, qu'on pourrait dire également bien que tout le genre humain n'a qu'une langue, ou bien que chaque individu a la sienne propre.

Le son et l'emploi qu'on en fait pour désigner les objets ou exprimer la pensée, voilà les deux principes, les deux éléments de la forme des langues. Le premier est plus particulièrement l'élément de leur diversité; le second, tenant à la nature toujours identique de l'esprit humain, l'élément de leur unité. Etudions de plus près ces éléments et leur union, c'est-à-dire l'union de la pensée et de la parole.

La langue est l'instrument qui façonne et forme la pensée. La pensée, fait intellectuel tout intérieur, spirituel, se manifeste par le son et devient sensible; elle et la langue sont donc inséparables, sont donc tout un. La pensée est forcée de contracter alliance avec la parole, puisque, sans elle, elle ne peut arriver à se préciser, et que l'imagination vague ne saurait devenir conception. Cette union intime, indispensable, de l'une et de l'autre, a sa source dans la constitution même de l'homme. On ne peut se refuser à voir quel accord frappant il y a entre le son et la pensée. Humboldt montre, par une série d'analogies fort ingénieuses, que la parole semble en tout l'image matérielle de l'immatérielle pensée. Ainsi l'instantanéité et la précision du son est comparable à celle de la pensée. Comme la pensée, dans sa forme la plus élevée, n'est qu'une aspiration de l'obscurité vers la lumière, des choses bornées vers les choses infinies, de même le son sort des profondeurs de la poitrine pour se répandre au dehors, où il trouve un milieu qui lui est merveilleusement approprié, l'air, le plus mobile des éléments, qui, par son apparente immatérialité, répond le mieux à l'esprit. Enfin la position verticale du corps de l'homme, position refusée aux animaux, s'accorde bien avec l'émission du son articulé. La parole ne peut pas être émise vers le sol, qui l'étouffe; elle demande à aller librement des lèvres qui l'envoient à celui à qui elle est adressée, à être accompagnée du regard, de l'action du corps, du geste, à être entourée, en un mot, de tout ce qui est le signe distinctif de la dignité humaine.

Après ces réflexions, Humboldt, poursuivant plus loin encore l'intime union de la parole et de la pensée, démontre que, sans même parler d'aucun commerce ni d'aucune relation des hommes entre eux, pour l'individu isolé et considéré uniquement en lui-même, le langage est une condition nécessaire et inévitable de toute pensée.

Quant à l'intelligence de la parole, ce n'est pas quelque chose de différent de la parole elle-même; en un mot, comprendre et parler ne sont que des effets divers d'une même faculté, la faculté du langage. Celui qui comprend parle et répète en lui-même ce qui lui est dit. Il fait exactement la même opération de l'esprit que s'il parlait lui-même; seulement sa pensée est excitée du dehors, au lieu de l'être intérieurement. Mais on ne peut faire reposer l'intelligence dans l'activité de l'être propre qui comprend; on ne peut considérer ce commerce comme une excitation mutuelle de la faculté du langage chez ceux qui écoutent que parce que les individus, dans leur diversité, conservent l'unité de la nature humaine. Or le propre de cette nature, douée, comme elle l'est, de la faculté admirable du langage, c'est non-seulement de saisir le son en lui-même et son impression matérielle, mais de comprendre le son articulé, le mot; ce qui est tout autre chose. L'articulation est cause que le mot apparaît immédiatement, et par sa forme même, comme partie d'un tout indéfini, qui est la langue. Car c'est elle qui donne les moyens, avec les éléments de certains mots, de former une quantité innombrable d'autres mots, d'après certaines règles, et d'établir ainsi entre les mots une affinité répondant aux rapports des idées.

La preuve de tout cela, c'est la manière dont l'enfant apprend à parler. Apprendre à parler, pour lui, ne consiste pas seulement à se rappeler et à répéter ce qu'il a une fois entendu; c'est un développement de la faculté du langage, de la parole, par l'âge et par l'exercice; c'est une puissance qui passe à l'acte en lui sous l'influence et l'excitation d'une activité extérieure. Ce qu'il entend fait plus que de se communiquer à lui, ce qu'il entend le prépare à comprendre plus facilement ce qu'il n'a pas entendu encore, lui rend clair ce qu'il avait depuis longtemps entendu, mais n'avait encore compris qu'à demi ou même pas du tout. C'est ainsi que le perfectionnement de la faculté et l'acquisition de matières nouvelles agissent pour s'accroître mutuellement. Ce n'est pas là un simple enseignement mécanique de la parole, mais le développement d'une puissance qui est déjà dans l'enfant. Or, comment les choses pourraient-elles se passer ainsi, si la même puissance, les mêmes facultés, la même nature chez celui qui parle et chez celui qui entend, chez celui qui enseigne et chez celui qui apprend, si cette identité de nature n'établissait entre eux un accord, un moyen de s'entendre à l'aide des mêmes signes?

L'auteur réfute ensuite quelques objections qu'on pourrait faire contre ces considérations empreintes d'une si grande justesse et d'un si profond esprit d'observation. Suivent quelques autres réflexions excellentes sur la nature des langues en général. — La subjectivité de notre perception des objets passe tout entière dans la langue. Car le mot n'est pas une traduction, un signe de l'objet tel qu'il est en lui-même, mais de l'image qu'il a faite et laissée en notre âme. Toute perception étant inévitablement mêlée de subjectivité, on peut, même indépendamment de la langue, regarder toute individualité comme un point de vue particulier du monde et de l'ensemble des choses. Le langage ne fait que grossir et étendre ce fait. Comme sur la langue de chaque nation agit une subjectivité de nature particulière, chaque langue renferme une vue des choses originale qui lui est propre. Chaque peuple s'entoure de sons qui lui représentent, suivant son esprit, le monde des objets. Chaque langue enferme donc le peuple à qui elle appartient dans un certain cercle de vues et d'idées qu'on ne peut franchir que pour entrer dans un autre différent, mais ayant également ses bornes. C'est pourquoi étudier une langue étrangère, c'est, dans une certaine mesure, acquérir une vue nouvelle des choses, se placer à un point de vue nouveau pour les juger. Car toute langue contient l'ensemble des idées et la manière de voir de toute une partie de l'humanité. Seulement on ne peut s'empêcher de transporter plus ou moins son propre monde et sa propre langue dans les langues étrangères; on ne peut jamais s'en dépouiller entièrement. C'est la raison qui fait qu'un étranger ne parlera jamais si parfaitement une langue, quoi qu'il fasse, que l'homme originaire du pays à qui elle appartient.

Un point important à remarquer encore, c'est le caractère d'infinité des langues. La langue nous apparaît comme infinie dans le passé et dans l'avenir. Bien qu'elle se compose d'éléments formés et fixés, et que ces éléments soient comme une masse morte, cette masse porte en elle le germe, si l'on peut parler ainsi, d'une *déterminativité* (*Bestimmbarkeit*) sans fin. Elle offre comme un fonds inépuisable où l'on découvre toujours quelque côté nouveau, quelque point à percevoir ou à sentir d'une manière neuve; au delà de ce qui est exploré et acquis, elle montre toujours comme un domaine encore inconnu. Ainsi la langue renferme non-seulement ce qui a été dit, mais tout ce qui peut se dire.

Après d'autres réflexions également justes et ingénieuses au sujet de l'influence, de l'action réciproque de l'individu sur la langue, et de la langue sur l'individu, laquelle doit produire dans le langage un mélange et comme un équilibre de liberté et d'autorité, Humboldt passe à la considération du son articulé et de sa nature. C'est sous une impulsion, une excitation de l'âme que l'homme force ses organes corporels à produire le son articulé, fondement de toute parole. Les animaux feraient de même s'il y avait chez eux la même impulsion de l'âme. Ainsi la langue, dans son premier élément, est si bien fondée sur la nature spirituelle de l'homme, qu'il suffit d'un mouvement de cette nature pour changer le son animal en son articulé. C'est l'*intention* et la *faculté* d'arriver à l'expression précise d'une pensée qui constitue le son articulé, et cela seul le sépare d'un côté du cri des animaux, et de l'autre du son musical. Il n'entre en lui qu'autant de corps qu'il est indispensable pour sa manifestation extérieure. Ce corps même, le son perceptible pour l'oreille, peut s'abstraire de l'articulation sans la détruire. C'est ce qui arrive chez les sourds-muets. Ils comprennent la parole par le mouvement des organes et par l'écriture, lesquels renferment l'articulation tout entière séparée de son corps. Ainsi ils opèrent une décomposition remarquable du son articulé. L'articulation ne se produit qu'au moyen du passage d'un courant d'air qui résonne. Ce courant d'air donne à la fois deux sons parfaitement distincts : l'un au lieu d'où il part, l'autre à l'ouverture par laquelle il sort. C'est ce double son qui forme la syllabe. La syllabe ne se compose pas, comme nous semblons l'indiquer par notre manière de l'écrire, de la réunion de plusieurs sons divers ; c'est un son unique, instantané. La séparation en consonnes et voyelles est purement artificielle. En fait, la consonne et la voyelle forment une unité inséparable pour l'oreille, unité que notre écriture brise. Aussi est-il bien plus juste de ne désigner les voyelles que comme une des modifications de la consonne, et non comme une lettre particulière ; ce que font quelques alphabets orientaux. La voyelle ne peut pas plus être prononcée seule, comme on a coutume de l'enseigner, que la consonne. Son émission est toujours nécessairement précédée, sinon d'une consonne bien déterminée, au moins d'une aspiration, quelque légère qu'elle soit, et qui n'est qu'une consonne affaiblie. Ainsi la consonne et la voyelle ne sont que des conceptions idéales qui n'ont aucune existence dans la réalité.

La syllabe constitue une unité de son ; elle devient mot en recevant un sens, une signification, c'est-à-dire en devenant signe d'une idée. Pour cela la réunion de plusieurs syllabes est souvent nécessaire. Par *mot* on entend le signe d'une action particulière. Les mots renferment ainsi une double unité : celle du son et celle de l'idée, et ainsi constitués deviennent les véritables éléments de la parole, du discours, titre qu'on ne peut donner aux sons articulés qui n'ont pas encore reçu de signification. Si l'on regarde la langue comme un second monde que l'homme tire de lui-même sous l'impression qu'il reçoit du monde réel et qu'il objective ensuite, les mots y doivent être considérés comme représentant les objets. Seulement il ne faut pas se figurer que, dans la réalité, les choses se passent comme le veulent certaines gens ; que d'abord on ait inventé des mots, puis qu'on ait fait des phrases, etc. C'est tout le contraire. On parle d'abord ; ce n'est que plus tard que la réflexion survenant distingue les mots dans cette continuité du discours, et les sépare entre eux.

Les mots représentant toujours des idées, il est naturel de désigner des idées semblables par des sons semblables ; de telle sorte, pour ainsi dire, que les familles de sons correspondent aux familles d'idées. Cette parenté des mots entre eux se voit en ce qu'une partie des mots reste invariable, et que l'autre subit des modifications soumises à certaines règles. La partie invariable est ce qu'on appelle le radical, et quand elle est isolée, la racine. Il y a des langues où ces racines, en elles-mêmes isolées, constituent des mots, des parties du discours, d'autres où elles n'ont pas d'existence propre, et ne sont que l'œuvre des grammairiens. On peut dire que le chinois n'a que des racines, que tous les mots sont racines ; car cette langue ne connaît pas la composition, la décomposition ou la transformation des mots.

Si maintenant on considère le rapport du mot, du son, à l'idée qu'il exprime, le rapport du signe à la chose signifiée, on verra que ce rapport existe, mais qu'il se laisse bien rarement pénétrer. Représenter les objets extérieurs qui agissent sur les sens, et les mouvements intérieurs de l'âme par de simples impressions sur l'organe de l'ouïe, c'est là une opération merveilleuse et inexplicable. On peut distinguer cependant trois motifs concevables d'exprimer certains objets au moyen de certains sons, trois rapports différents entre le signe et la chose signifiée, tout en observant que cette sorte de classification est bien loin d'épuiser la totalité des cas :

1° L'imitation immédiate, qui est ce qu'on appelle l'harmonie imitative. On peut dire que c'est une sorte de peinture s'adressant à l'oreille.

2° Le rapport qu'on pourrait nommer symbolique : c'est un des plus importants et des plus influents. Il consiste à choisir, pour exprimer un objet, des sons qui naturellement font sur l'oreille une impression analogue à celle de cet objet sur l'esprit. Par exemple : le latin *stare*, l'allemand *starr*, porte à l'oreille une certaine impression de solidité ou de fermeté ; le sanscrit *li (fondre)*, le français *patauger*.

3° Enfin le rapport d'analogie, qui consiste à désigner des objets ou des idées analogues par des sons analogues aussi. Ce sont ces deux derniers rapports qui ont le plus d'influence sur la désignation des notions générales de l'esprit.

Après avoir ainsi examiné la forme extérieure et sensible des langues, l'auteur passe à leur forme intérieure et intellectuelle, c'est-à-dire à l'ensemble des lois qui les régissent et qui sont intimement liées aux lois de notre nature intellectuelle et morale, aux lois du sentiment et de la pensée.

Il semblerait que ces lois de la nature et de l'esprit humain étant constantes chez tous les hommes, cette partie des langues dût offrir une plus grande conformité que leur forme extérieure, qui présente une infinie variété de combinaisons. En effet, on trouve ici plus d'unité et de fixité, ce qui n'exclut pas une diversité assez grande encore. Elle tient à deux causes. D'abord, dans les choses d'imagination et de sentiment, elle tient à la variété et à la mobilité de ces facultés de l'âme chez les différents individus et les différentes races ; ensuite, dans les choses de pure *intelligence et* de pure raison, elle tient à des imperfections, à des défauts de l'esprit du peuple. Ainsi, pour s'en tenir aux seules lois grammaticales, si l'on compare le sanscrit au grec, on verra que, dans la formation du verbe, le premier a complétement négligé la notion du *mode* et ne l'a pas séparée de celle du *temps*. Le sanscrit a aussi méconnu la nature de l'infinitif, qu'il a enlevé au verbe pour le placer dans les substantifs. Ce sont là des défauts, des vides dans la partie purement intellectuelle d'une langue, quand bien même elle y supplée par des équivalents ou des périphrases.

Après avoir étudié ainsi ce qu'il appelle la forme intérieure et la forme extérieure de la langue, Humboldt conclut que la perfection d'une langue consiste dans la pénétration mutuelle et dans le juste équilibre de ces deux éléments qui la composent, de la partie matérielle et de la partie immatérielle, du son et de l'idée, du signe et de la chose signifiée. Il faut qu'il y ait harmonie entre eux, et qu'aucun des deux n'étouffe l'autre.

L'auteur remarque enfin excellemment qu'ici, comme en beaucoup d'autres cas, l'étude des langues ramène constamment à celle des arts, et qu'elles se fournissent mutuellement une foule de fécondes applications. En effet, c'est ainsi que le peintre, par exemple, unit, marie dans son œuvre l'esprit et la matière, l'idée et le signe; et on reconnaît à son œuvre si cette union intime et harmonieuse est sortie toute vivante de son génie, ou bien si l'idée, conçue à part et d'une manière abstraite, a été ensuite froidement et péniblement traduite par le pinceau.

Plus loin, Humboldt, entrant dans le détail, étudie séparément les différents éléments et les différentes modifications que présentent les langues. Nous résumerons seulement les sujets principaux qu'il traite.

Le premier est la flexion ou déclinaison. Dès qu'on sentit le besoin de donner au mot une expression double, sans changer sa nature ni sa simplicité, naquit la flexion dans les langues. Dans le mot soumis à la flexion nous trouvons en effet une double chose exprimée : la notion, le concept auquel il répond; puis la catégorie dans laquelle on range cette notion. Or cette double tendance doit se traduire par une modification dans la forme extérieure du mot; mais un mot ne peut se modifier, se transformer que de deux manières différentes, soit par un changement intérieur dans sa forme même, soit par une addition, et comme une accrétion extérieure.

Il y a des langues où le caractère des mots, parfaitement fixe, défini et invariable, rend le premier de ces moyens impossible; d'autres, au contraire, qui non-seulement le permettent, mais semblent l'appeler. C'est du reste ce premier moyen qui correspond le plus simplement au but de conserver au mot son identité, tout en la revêtant cependant d'une forme nouvelle. Les suffixes, aussi bien que la transformation intérieure du mot, désignent également dans quel rapport les mots doivent être pris; mais la différence de l'un et de l'autre vient de ce qu'une terminaison n'a jamais eu par elle-même de signification propre, tandis qu'une syllabe additive au contraire a généralement un sens antérieur et défini.

La flexion est inséparable de deux autres phénomènes qu'il faut examiner et qui sont opposés l'un à l'autre : d'une part l'unité et l'indépendance du mot en lui-même, de l'autre sa relation et son lien avec d'autres mots qui lui sont associés pour former la phrase. Les signes, les marques de l'unité du mot dans le discours sont au nombre de trois : la pause ou repos, le changement de lettres, et l'accent.

1° La pause n'est qu'une marque tout extérieure de l'unité du mot, puisque, transportée au milieu du mot lui-même, elle ne fait que rompre son unité au lieu de l'indiquer. Mais dans tout discours il y a naturellement, à la fin de tout mot, un léger arrêt de la voix qui sépare ainsi les éléments de la pensée, et qui n'est perceptible qu'à l'oreille exercée. Cette indication de l'unité du mot se trouve en contraste et en opposition avec celle de l'unité de l'idée dans la phrase, l'une tendant à isoler les mots qui en sont les éléments, l'autre tendant à les unir et à les précipiter pour faire de la phrase un seul tout. C'est la langue sanscrite qui, par différents moyens, sait le mieux concilier ces exigences opposées.

2° L'unité véritablement intime du mot n'existe que dans les langues qui, unissant au concept, dans un même mot, toutes les circonstances accessoires qui le déterminent, lui donnent ainsi la pluralité des syllabes, et permettent alors dans ce composé une grande variété de changements de lettres. Pour qu'il y ait unité réelle, il ne faut pas que les mots composés consistent en une simple juxtaposition des éléments qui les forment, il faut qu'il y ait aussi une altération de leur forme et de leur terminaison, pour qu'ils se lient et se fondent les uns dans les autres. Le sanscrit est, à ce point de vue, souvent inférieur au grec, dont les composés sont bien moins longs, plus resserrés, mieux unis. Quelquefois cependant il a des moyens très-ingénieux de faire sentir l'unité du mot, comme lorsque deux substantifs, de quelque genre qu'ils soient, se changent par leur union en un seul substantif qui n'a plus de genre.

3° Enfin, une dernière marque de l'unité du mot, commune à toutes les langues, mais qui, dans les langues mortes, ne nous est connue qu'autant que la rapidité de la prononciation a été fixée au moyen de signes particuliers, c'est l'accent. On peut distinguer, en effet, dans la syllabe trois propriétés phonétiques : la nature particulière du son qu'elle a, sa quantité et son accent. Les deux premières sont déterminées par elles-mêmes ; la troisième dépend de la liberté de celui qui parle. C'est comme l'inspiration d'un esprit étranger à la langue. L'accent plane comme un principe où l'âme se manifeste encore davantage sur la partie la plus matérielle de la langue, et il est l'expression immédiate de la valeur que celui qui parle veut assigner à chacune de ses parties. Toute syllabe est capable de recevoir l'accent ; mais dès qu'une l'a reçu, celui de toutes les autres disparaît immédiatement, et elle reste seule accentuée, dominant celles qui ne le sont pas.

Ainsi naît l'accent du mot et l'unité que cet accent constitue. On ne peut concevoir de mot sans accent, et chaque mot ne peut avoir plus d'un accent principal, sans quoi il se diviserait immédiatement en deux, formerait deux mots différents. Originairement et dans sa nature, l'accent naît de l'intention d'insister sur le sens du discours. Plus tard, il subit aussi l'influence de la quantité, du son. Enfin il sert fréquemment à rendre, à manifester uniquement l'énergie de la faculté intellectuelle et la force du caractère. Cela n'est nulle part plus visible qu'en anglais, où l'accent va jusqu'à absorber et altérer souvent non-seulement la quantité, mais même la nature du son des syllabes. Si d'autres parties de la langue sont plus en rapport avec les propriétés intellectuelles d'une nation, on peut dire que l'accent est ce qui traduit le mieux son caractère et sa force morale.

Le mot, *ainsi constitué dans ses éléments et dans son* unité, est destiné à entrer à son tour, comme élément, dans une unité d'un ordre plus élevé : la phrase. Les langues qui, comme le sanscrit, indiquent déjà, enferment dans l'unité du mot ses rapports avec le reste de la phrase, n'ont qu'à juxtaposer les parties de cette phrase simplement, comme elles se présentent à l'esprit, et ces parties formeront immédiatement un tout, auront une unité. Celles qui, comme le chinois, font de chaque mot un tout isolé et renfermé en lui-même, sont obligées, dans la construction de la phrase, de venir en aide à l'entendement, soit par des particules réservées à ce rôle, soit par des moyens indépendants du son, comme est la position relative. Enfin il y a une troisième méthode qui consiste à maintenir fortement l'unité de la phrase, c'est-à-dire à la considérer avec toutes ses parties, non pas comme un ensemble de mots séparés, mais comme un mot unique.

Ce triple procédé, la structure grammaticale du mot soigneusement appropriée d'avance au rôle qu'il jouera dans l'ordonnance de la phrase, l'indication de cette ordonnance par des moyens indirects, enfin l'unité de la phrase maintenue dans une forme où les mots sont incorporés les uns aux autres dans la prononciation, ce triple procédé épuise la série des méthodes par lesquelles les peuples construisent leurs phrases au moyen des mots.

La plupart des langues portent des traces plus ou moins fortes de chacune de ces trois méthodes, mais celle qui prédomine influe sur la structure de la langue tout entière. Comme type de ces trois procédés, on peut citer le sanscrit, le chinois, le mexicain.

C'est ainsi, par exemple, que le mexicain fait du verbe un centre auquel on rattache le sujet et le complément, toute la partie régie et toute la partie régissante de la phrase, de manière à donner à cette phrase l'apparence d'un tout composé. Le verbe, dans la langue mexicaine, renferme en lui comme une esquisse de toute la phrase, qui peut, outre cela, être plus détaillée en dehors de lui, mais en forme d'opposition. Les langues qui, sans renfermer ainsi dans la contexture du verbe des noms tout entiers, y enferment cependant le pronom sujet et même le pronom régime, suivent aussi ce système, mais dans un moindre degré. La langue basque et quelques langues du nord de l'Amérique en sont un exemple : elles incorporent dans la conjugaison même les pronoms avec toutes leurs relations possibles au verbe. Il est à remarquer que les langues qui poussent ainsi à l'excès ce système d'incorporation, et qui confondent les limites de l'unité du mot et de celle de la phrase, n'ont que peu ou point de déclinaison.

Nous avons étudié jusqu'ici la structure grammaticale de la langue et sa constitution extérieure ; mais cette étude n'a pas épuisé toute son essence. Son caractère et son originalité propre reposent encore sur quelque chose de plus fin, de plus caché, de moins accessible à l'analyse. La langue, quand elle est tout entière achevée de bâtir, n'est qu'un édifice encore vide où l'esprit doit s'établir, et qu'il doit animer. Or c'est par la manière dont il l'occupe et la pénètre qu'elle reçoit son caractère et sa couleur. Ceci ne veut pas dire que le travail de l'esprit n'ait aucune part et aucune influence dans la structure extérieure de la langue. Nous l'avons déjà constaté. La manière de sentir et de penser d'un peuple ne peut ne pas agir dès l'abord sur sa langue. Seulement il faut que le philologue sache que l'influence de cet esprit national ne s'exerce pas seulement sur la forme extérieure, qu'il y a encore dans la langue un domaine plus élevé, moins précis, moins saisissable, où éclate le plus sa véritable originalité.

Un exemple rendra cela plus clair. Trois langues appartenant à la même famille, le sanscrit, le grec et le latin, ont de grandes analogies de structure, et, en beaucoup de points, une organisation, une syntaxe communes. On ne peut méconnaître cependant les diversités de leurs caractères individuels et des empreintes que leur ont données les peuples différents auxquels elles appartiennent. En d'autres termes, il y a dans les langues deux choses : leur grammaire et leur littérature, et personne ne contestera que ce soit dans la littérature que se manifeste le mieux leur esprit. Une fois la langue formée et l'instrument tout prêt, la nation commence à s'en servir. Quelques chants, quelques prières, quelques récits, sont le fondement de sa littérature. Ainsi la langue arrive entre les mains des poëtes et des philosophes, qui l'animent et la vivifient, tandis que les grammairiens proprement dits mettent la dernière main au perfectionnement de son organisme; la langue prend une âme tandis que son corps achève de se former. La langue doit être dans un mouvement et comme dans un courant perpétuel, remontant du peuple aux écrivains et aux grammairiens, et redescendant d'eux au peuple. C'est la condition de sa vie, et tant que cette vie continue, la langue ne cesse de s'enrichir et de gagner en finesses et en délicatesses de toute sorte. Quand l'activité de l'esprit qui la travaillait constamment a cessé, alors arrive l'heure de son déclin, d'où les efforts de quelques hommes de génie peuvent quelquefois encore la réveiller.

Or c'est surtout dans ses périodes littéraires que la langue reçoit et manifeste son caractère, son génie. C'est alors qu'elle s'élève le plus au-dessus des besoins quotidiens de la vie matérielle pour entrer dans les régions de la pensée pure et de la libre imagination. Il semblerait impossible au premier abord que la langue eût un autre caractère propre, indépendant de celui que lui donne sa forme extérieure, puisqu'elle sert de moyen d'expression à des natures si différentes et toutes distinguées par quelques nuances au sein du même peuple. Il n'en est pas moins vrai cependant qu'elle a la double propriété, étant une, de se diviser en mille langues particulières, autant qu'il y a d'individualités dans la même nation, et, étant multiple, de se faire une cependant avec un caractère particulier, spécial, vis-à-vis des langues de toutes les autres nations. On sait combien chacun empreint la langue de sa personnalité; on sait que tout grand écrivain se fait sa propre langue ; et cela n'empêche cependant point cette langue, comparée aux autres, d'être toujours la même, et de conserver, pour ainsi dire, sa personnalité au milieu des variations innombrables auxquelles elle se prête pour chaque individu. Comment cela se fait-il ? c'est que le mot ne renferme pas en lui un concept tout fait ; il est seulement le signe qui excite l'esprit à le former, et alors dans chaque esprit le même concept est éveillé, mais d'une façon différente, dépendante de la nature de cet esprit. Le nom de l'objet le plus commun, d'un cheval par exemple, réveille chez tous la même idée, mais conçue chez chacun de nous sous une forme différente. D'autre part, comment la langue a-t-elle un caractère général ? c'est que toutes les individualités si diverses d'une même nation sont pourtant toutes enfermées et enveloppées dans une unité nationale. Chaque langue reçoit son unité et son originalité de celle de la nation, laquelle résulte elle-même de la communauté d'habitation et d'action, mais surtout de la communauté de dispositions naturelles et de race. La langue se pénètre si bien de cet esprit original qui lui est communiqué, que c'est par elle mieux que par tout autre signe qu'on le reconnaît, et les nations dont nous ne savons pas les langues ou qui n'ont pas de littérature nous paraissent beaucoup plus uniformes et semblables qu'elles ne le sont réellement.

Ce n'est pas seulement l'esprit et le génie originel du peuple qui influent sur le caractère de la langue, c'est aussi toute modification amenée par le temps dans sa vie, dans ses idées, tout événement extérieur qui diminue ou favorise son essor, enfin et surtout l'impulsion des hommes éminents.

Il faut enfin remarquer que le caractère de la langue gît en grande partie dans les valeurs différentes que les peuples attachent aux mots. On a vu que chaque individu ne donne pas absolument la même valeur au *même mot*, qu'il y a *toujours* une nuance, qu'il n'y a pas, pour ainsi dire, de synonyme parfait dans deux bouches différentes, tant le langage est soumis à la subjectivité. A bien plus forte raison, les mots qui expriment les mêmes concepts ne sont-ils jamais synonymes dans les langues différentes. On ne peut tous les embrasser dans une seule et rigoureuse définition. Ceci a lieu même pour les termes qui désignent des objets matériels, mais surtout et au plus haut degré pour ceux qui expriment les concepts des choses intellectuelles. Dans les nations d'une grande mobilité d'esprit, la valeur d'un mot n'est même jamais bien fixée et demeure dans un flux perpétuel. Chaque époque, chaque écrivain y ajoute ou en retranche, enfin, l'empreint de son individualité. Il est bien entendu qu'il n'est question ici que de la langue qu'on peut appeler littéraire, et non des définitions précises de l'école ou de la terminologie scientifique.

Un autre point où se montre bien encore le caractère des nations, c'est l'arrangement du discours, l'étendue que comporte la phrase. Enfin, un des points principaux à étudier, c'est la distinction de la poésie et de la prose. Le génie originel de la langue décide d'avance si la direction qu'elle suivra sera plus poétique ou plus prosaïque, ou si elle a une forme assez élevée et assez parfaite pour arriver à un égal et harmonieux développement de la prose et de la poésie tout à la fois.

Toutes deux cherchent le même but par des voies différentes; car toutes deux partent de la réalité pour atteindre quelque chose qui est en dehors et au-dessus d'elle. La poésie cherche dans la réalité le phénomène sensible qui, soumis au travail de l'imagination, l'élève à la contemplation d'un idéal artistique. La prose cherche dans la réalité les lois qui lient entre eux les phénomènes. Aussi la poésie, dans sa véritable essence, est-elle inséparable de la musique; la prose, au contraire, s'attache au langage exclusivement articulé. On sait combien la poésie lyrique des Grecs et des Hébreux était intimement liée à la musique instrumentale. De là l'alliance naturelle entre les grands poëtes et les grands compositeurs, bien que la musique, par sa tendance à se développer et à subsister par elle-même, arrive à mettre la poésie dans l'ombre.

C'est une erreur de croire que la prose naît de la poésie. Si cela a paru se passer ainsi une fois en Grèce, c'est que l'esprit grec portait originairement en lui-même le germe de la prose comme celui de la poésie, et la prose naquit tout à coup dans une langue déjà formée par plusieurs siècles de poésie. Il faut encore moins regarder la prose noble comme formée d'un mélange d'éléments poétiques. La poésie et la prose, profondément distinctes dans leur essence, le sont aussi dans leurs rapports avec le langage, dans le choix de leurs expressions et de leurs formes grammaticales, dans leur syntaxe ; chacune a son domaine particulier.

Il y a un moment dans le développement de l'esprit où, cessant de se satisfaire d'aspirations vagues et d'hypothèses, il cherche la connaissance nette et précise ; c'est le moment où naît la science. Ce moment est d'une grande importance pour la langue, car c'est aussi celui du développement de la prose, seul langage vraiment approprié à la science. Dans ce domaine, l'esprit ne veut avoir affaire qu'à l'objet dans son essence même ; il rejette toute apparence et ne cherche que la vérité. Ce travail donne à la langue sa dernière netteté par la détermination et la fixation exacte des notions. La personnification de cette époque en Grèce, c'est Aristote.

La poésie ne convient qu'à certains moments de la vie et à certains états de l'esprit ; la prose, au contraire, accompagne l'homme constamment et dans toutes les manifestations de son activité intellectuelle ; elle se lie à toute pensée et à tout sentiment. La poésie peut parvenir à un haut degré d'excellence dans une langue, sans que la prose acquière un égal développement. Mais la langue n'acquiert sa véritable perfection que par le développement simultané de toutes les deux ; et à ce point de vue la nation grecque offre l'un des exemples les plus complets. Notre connaissance de la littérature sanscrite ne nous permet point de juger jusqu'à quel point la prose fut développée chez elle ; mais l'état social, la vie publique et politique de l'Inde offraient bien moins d'avantages à son développement que la Grèce.

La grande prose romaine est née immédiatement du caractère et de l'esprit de la nation, de sa gravité virile, de la sévérité de ses mœurs, de son amour pour la patrie ; elle porte bien moins un caractère intellectuel, comme celle de la Grèce, qu'un caractère moral ; elle offre dans sa solennité un contraste frappant avec l'agrément, avec la naïveté simple, naturelle de la prose grecque.

La poésie dans une nation peut, même après l'invention de l'écriture, rester longtemps sans être écrite ni fixée, confiée simplement à la tradition orale. Il n'en est pas de même de la prose. Ce n'est pas qu'elle ne puisse aussi se transmettre oralement, bien que non soumise au rhythme et à la mesure. Il existe même chez plusieurs peuples certaines légendes en prose, transmises évidemment sans changement notable. Mais c'est que le but de la prose exige le secours de l'écriture. Ce but, c'est la précision scientifique, et, pour l'atteindre, il faut que les résultats des recherches aussi bien que la méthode soient rigoureusement fixés. La tendance à la prose, quand elle s'éveille dans une nation, doit donc perfectionner les moyens d'écrire, et elle peut, de son côté, être excitée par ceux de ces moyens qui existent déjà. Ces considérations établissent aussi dans la poésie deux genres distincts : 1° la poésie spontanée, échappant naturellement de l'inspiration, et non transmise par l'écriture ; 2° plus tard la poésie écrite, où l'art et la réflexion ont plus de part. Dans la prose en général, rien de semblable ; mais on pourrait trouver quelque chose d'analogue dans l'éloquence, et distinguer aussi l'éloquence spontanée, l'improvisation, qu'on n'écrivait pas, et qui se pratiquait à Athènes du temps des guerres médiques, de l'art oratoire, tel qu'il devint, par exemple, au temps d'Isocrate.

Humboldt signale ensuite et explique ce qu'il appelle le principe de vie ou la force créatrice qui réside dans certaines langues favorisées. On ne saurait trop admirer quelle longue suite de langues d'une forme également heureuse et d'une influence également féconde sur le développement de l'esprit a produite cette famille qui commence par le sanscrit et le zend. C'est d'elle que naquirent nos deux langues classiques, d'elle tout le rameau germanique; c'est elle enfin qui, après la corruption de la langue romaine, fit fleurir sur ces débris, avec une nouvelle force et une nouvelle grâce, les langues modernes dérivées du latin auxquelles notre civilisation doit tant. Il fallait donc qu'il y eût en elle un principe de vie suffisant pour défrayer, pendant plus de trois mille ans, le développement de l'esprit humain. On s'est demandé ce que serait devenu le monde si Carthage eût triomphé de Rome; on peut se demander avec plus de raison ce qu'il serait devenu si la civilisation arabe eût prévalu sur la romaine, et eût étouffé cette langue si féconde. Il est à croire que le monde y eût bien perdu.

Mais d'où vient ce privilége des peuples de langue indo-germanique? Sa source gît-elle dans la nature de leurs facultés intellectuelles ou dans leur langue même, ou dans des conditions extérieures ou historiques plus favorables? Ces trois considérations ne sont pas indépendantes l'une de l'autre; mais c'est surtout dans la langue et dans sa constitution intérieure que se manifeste la raison du phénomène signalé, et qu'il faut la chercher. La raison du principe de vie qui semble animer certaines langues, c'est la force et l'énergie de l'acte créateur du langage chez le peuple à qui appartiennent ces langues. Or Humboldt appelle acte créateur du langage l'acte par lequel l'esprit conçoit le rapport de la pensée avec le son qui l'exprime et opère leur pénétration mutuelle. Plus cette synthèse est faite par l'esprit d'un peuple avec vivacité et puissance, plus la langue est parfaite et vivante. L'auteur explique ensuite comment cette puissance de synthèse, très-difficile à saisir parce qu'elle ne se manifeste par aucun signe sensible et extérieur, se laisse surtout reconnaître à trois points particuliers de la structure des langues : le verbe, la conjonction et le pronom relatif, et à la façon dont elles conçoivent la fonction de chacune de ces parties du discours. Enfin il étudie ces trois points successivement, d'abord en général, puis dans les langues d'origine sanscrite. Il arrive à conclure que ce principe de vie si fécond dans les langues appartient à celles qui sont les plus riches en *flexions*, et a son fondement dans ce fait même de leur nature.

Comment se fait-il alors, si la flexion est le fait et la cause principale qui décide des destinées de toute la langue, que les flexions n'appartiennent qu'à la jeunesse des langues, et aillent en diminuant à mesure qu'elles arrivent à leur maturité? — Cette disparition successive des flexions a lieu par divers motifs, mais surtout parce que les langues, en se formant, tendent de plus en plus à la clarté, à la netteté, et sacrifient tout autre but à celui de rendre l'intelligence plus aisée et le discours plus commode. C'est ce qu'elles obtiennent en se débarrassant peu à peu de la multitude de formes qui les surcharge, et en remplaçant les flexions par des particules auxiliaires. Ainsi, tout en s'étant formées par le système de la flexion, elles tendent à se rapprocher des langues qui se sont formées par un système tout opposé et bien plus imparfait. Mais ce qu'il faut constater, et ce qui résout la difficulté proposée tout à l'heure, c'est que, pour se dépouiller des flexions avec le temps, elles n'en restent pas moins *langues à flexions*, c'est-à-dire qu'elles se sont développées d'après ce principe, et qu'il a exercé sur elles toutes ses bienfaisantes influences, qu'il a donné à la langue une forme qu'elle ne peut plus perdre. Ainsi, s'il était possible qu'une langue sanscrite, par la voie que nous venons de signaler, fût parvenue à s'assimiler complétement au chinois, langue dépourvue de toute espèce de flexions, elle n'en resterait pas moins langue sanscrite très-différente du chinois, chez qui ce manque de flexions dérive d'un tout autre principe, a une tout autre cause. C'est encore que, grâce à la persistance du caractère communiqué dès l'origine, plusieurs langues modernes dérivées du latin, malgré la pauvreté de leurs flexions, ont conservé l'organisation, la constitution supérieure et excellente qui appartient à leur famille.

Nous venons d'étudier la forme, le système le plus parfait du langage, et nous avons reconnu que c'était le sanscrit et toute la famille de langues qui en dépend qui s'approchaient le plus du type de la perfection dans les langues. Maintenant nous pouvons nous en servir comme d'un point fixe de comparaison pour y rapporter tous les autres idiomes, et, examinant tous les autres systèmes plus imparfaits de formation des langues, découvrir ce qui leur manque. Humboldt consacre ici quelques pages à justifier cette distinction qu'il fait entre les langues, et montre (tout en avouant que ceci est plus rigoureux en théorie et dans l'abstraction que dans la réalité) qu'il est légitime de reconnaître une forme pure et régulière, une forme modèle, et des formes s'écartant de cette pureté et de ce modèle. Il établit que ce n'est pas là porter une sentence de condamnation et de mépris sur les langues rangées dans cette dernière catégorie. Enfin il explique que s'il a distingué plus haut les trois systèmes de langue par des termes empruntés à la manière dont ces langues construisent la phrase (système de flexion, d'incorporation et d'agglutination), ce n'est pas que la différence de ces systèmes réside uniquement dans la différence de formation et de construction de la phrase, mais que ce point important entraîne avec lui tous les autres, et se lie étroitement à tous les éléments du langage.

Après cela il passe à la considération plus particulière des systèmes qu'il a nommés imparfaits, et il en choisit seulement quelques exemples dont le premier est pris dans les langues sémitiques, et plus particulièrement dans l'hébreu. L'hébreu et l'arabe manifestent tous deux leurs qualités, l'un par des ouvrages pleins de l'élan lyrique le plus élevé, l'autre, outre sa poésie, par une littérature scientifique très-riche et très-étendue. Cependant ils ont deux particularités décisives qui portent à les exclure du nombre des langues de la forme la plus parfaite. La première, c'est que ces langues exigent au moins trois consonnes par chaque mot; la seconde, c'est qu'elles font une séparation arbitraire des consonnes et des voyelles, réservant exclusivement les premières à exprimer le sens du mot, les secondes la relation grammaticale. Cet emploi grammatical exclusif des voyelles dans les idiomes sémitiques est un fait unique dans l'histoire des langues, et demande par conséquent une explication particulière, mais qu'il est très-difficile de donner. Chose singulière, et en apparence contradictoire! ces peuples qui semblent séparer si nettement la signification d'un mot de sa relation, les confondent cependant en fait. Cela tient à la nature de leurs racines. Les voyelles étant exclues de la signification proprement dite du mot et n'exprimant que des rapports, il s'ensuit que les racines devraient être composées de trois consonnes sans voyelles. Or, comme de pareils mots sont impossibles, la racine elle-même, dans son sens précis et indépendant de toute espèce de relation, n'existe pas pour eux, puisque, dès qu'elle apparaît dans la langue, elle prend des voyelles, et, par cela même qu'elle prend des voyelles, elle exprime une relation quelconque. C'est pour cela que, tout en paraissant maintenir fortement la distinction du simple sens et de la relation, ces peuples au contraire tendent à la supprimer. Il suit de ce qui précède qu'aucune langue n'est moins propre et moins portée à la formation de mots composés que les langues sémitiques (puisque la formation de ces mots composés ne se fait guère que par la réunion du radical de chacun des éléments pris sans leur terminaison).

Passant à la langue *Delaware*, de l'Amérique du Nord, l'auteur y montre l'excès contraire. Cette langue, plus que toute autre, a la coutume de former par composition des mots nouveaux. Les éléments de ces mots composés ne renferment presque jamais la racine tout entière; il n'en subsiste que des parties, souvent même que des sons, que des lettres isolées dans le nouveau mot construit. Ainsi ils peuvent, par ce procédé, réunir toute une partie de phrase en un seul mot, composé des débris, des miettes de plusieurs autres. Par exemple, de *ki*, toi; *wulit*, beau, joli; *wichgat*, patte, et *schis*, syllabe déterminative, ils font un seul mot : *k-uligat-schis*, ta jolie petite patte (en parlant à un chat); de *naten*, venir chercher; *amochol*, bateau; *ineen*, nous: *nad-hol-ineen*, fais-nous passer dans ton bateau. La mutilation, le raccourcissement du mot sont même souvent si considérables, que c'est à peine si on le reconnait dans sa forme abrégée. La seule lettre *m*, initiale du mot *machit*, mauvais, placée devant un autre mot, suffit pour lui donner un sens défavorable. Il faut remarquer que cette union de plusieurs mots en un seul pour remplacer la périphrase est une méthode synthétique qui s'adresse plus à l'imagination, tandis que la division des mots est une méthode analytique qui s'adresse plus à la raison. Les Grecs avaient su garder un juste milieu entre les deux excès, et établir l'équilibre dans leur langue entre la raison et l'imagination.

Humboldt arrive ensuite à la langue chinoise. De toutes les langues connues, le chinois et le sanscrit sont celles qui contrastent le plus. Ce sont les deux pôles opposés. La première laisse entièrement la forme grammaticale de la langue au travail de l'esprit, l'autre cherche à en incorporer, à en fixer jusqu'aux plus petits détails dans le son, dans le mot. Cette forme tout entière, le chinois l'exprime uniquement au moyen de la position des mots; il n'a qu'un très-petit nombre de particules, et encore s'en passe-t-il facilement. On pourrait de là conclure que c'est la plus imparfaite de toutes les langues; il n'en est rien cependant. Bien qu'elle ne vienne, comme langue et comme instrument de l'esprit, qu'après les sémitiques et les indo-germaniques, elle a cependant certains avantages caractéristiques, et le plus grand, c'est précisément que son système s'écarte le plus possible de celui de toutes les langues connues. Elle se distingue de toutes par le manque absolu de formes sensibles, de sons particuliers pour exprimer les relations; mais, en conséquence, elle n'est jamais exposée à confondre, comme nous l'avons déjà vu faire, le sens propre du mot et sa relation. Elle les distingue très-nettement l'un de l'autre, puisque le son perçu par l'oreille ne renferme jamais que le sens du mot en lui-même, et point sa relation, qui ne s'exprime qu'au moyen de sa place et de sa subordination dans la phrase. Elle n'a pas de grammaire; mais ce n'est pas un paradoxe de dire que cette absence de grammaire apparente a augmenté dans la nation la perspicacité pour découvrir, sans secours extérieur, le lien formel du discours.

Ainsi le chinois et le sanscrit occupent les deux points extrêmes dans la classification des langues. Les langues sémitiques ne peuvent être regardées comme intermédiaires entre les deux. Malgré leurs différences profondes, comme elles ont une tendance marquée à la flexion, il faut bien les ranger dans la même classe que le sanscrit. Quant à toutes les autres langues, elles occupent le milieu entre ces deux extrêmes, en ce sens que toutes s'approchent ou s'éloignent plus ou moins du chinois et de son absence absolue de relations indiquées dans les mots, soit du sanscrit et du lien étroit qui attache chez lui l'expression de la relation au mot lui-même. Mais d'ailleurs, sauf ces propriétés négatives de n'avoir pas de flexions, ou de n'être pas privées de toute expression grammaticale, ces langues si diverses n'ont plus rien de commun entre elles; et ce n'est que d'une façon bien vague qu'on peut les jeter pêle-mêle dans la même classe. Du reste, il serait bien difficile, pour ne pas dire impossible, d'établir entre ces langues une classification satisfaisante et progressive. Telle qui paraîtra supérieure et en progrès sur un point sera inférieure sur un autre. Par exemple, la langue *Barmane*, qui se rapproche des langues à flexions en ce qu'elle possède des particules et des mots auxiliaires pour exprimer les relations grammaticales, a, d'autre part, une ignorance complète du rôle et de l'emploi du verbe. Elle a, à ce point de vue, une telle imperfection, qu'on a même dit qu'elle n'avait pas de verbe.

Humboldt entre à ce sujet dans de longs détails sur la langue barmane, et termine enfin ce long essai en examinant la question de savoir si le système des langues polysyllabiques est né du monosyllabisme; s'il y a une différence absolue entre les langues monosyllabiques et polysyllabiques; si le monosyllabisme est réellement un caractère de la langue, ou n'est qu'un état passager d'où sort peu à peu et se développe le langage polysyllabique. Or il faut bien faire attention qu'une langue ne cesse pas d'être monosyllabique parce qu'elle possède des mots composés, par conséquent ayant plusieurs syllabes. La question est de savoir si à la racine même le mot simple a plusieurs syllabes; si tous les sons du mot n'ont de sens que dans leur ensemble et par leur réunion, et non chacun séparément. Alors seulement la langue serait polysyllabique.

Humboldt conclut que toute langue part d'un système

de racines monosyllabiques, et que ce n'est que par affixe et par composition qu'elle arrive au polysyllabisme. Abel Rémusat aurait donc dû établir, non pas que le chinois est polysyllabique comme les autres langues, mais que les autres langues sont monosyllabiques originairement, comme lui. Seulement les autres sortent du monosyllabisme, tandis qu'il n'en sort pas. Quelque difficile qu'il soit de ramener les mots jusqu'à leurs véritables éléments simples et originels, toutefois une analyse poussée avec soin nous conduit, dans la plupart des langues, à des racines monosyllabiques. Les quelques cas contraires ne peuvent prévaloir et constituer une preuve de l'existence de racines polysyllabiques, puisqu'ils peuvent être, avec beaucoup de vraisemblance, attribués à l'imperfection de notre analyse. Ce n'est donc pas aller trop loin que d'admettre, en général, qu'à l'origine chaque concept n'était désigné que par une seule syllabe.

On peut même en trouver la cause et la raison *à priori*.— Dans la formation des langues, le concept n'est que l'impression faite par l'objet, soit intérieur, soit extérieur, sur l'esprit de l'homme, et le son arraché à sa poitrine par la vivacité de l'impression constitue le mot. S'il en est ainsi, il n'est pas aisé de concevoir que deux sons répondent à une seule impression. S'il y avait bien réellement deux sons, ils ne feraient qu'indiquer que deux impressions différentes ont été produites par le même objet; qu'il y aurait eu, par conséquent, composition dans la naissance même du mot, et cela ne dérogerait en rien au principe du monosyllabisme. C'est ce qui a lieu en effet dans le redoublement qu'on observe dans toutes les langues, mais surtout dans celles qui sont le moins formées. Chacun des sons répétés exprime l'objet tout entier; mais la répétition ajoute à cette expression une nuance, soit un simple renforcement, comme signe de la plus grande vivacité de l'impression, soit l'indication d'un objet qui se répète, se reproduit. Si donc les éléments isolés du mot nous paraissent souvent privés de signification, c'est simplement parce que nous ne connaissons pas celle qu'ils ont. Après cela, il y a des langues qui sont douées d'une tendance toute particulière à la composition, et par conséquent au polysyllabisme, d'autres, comme le chinois, qui la repoussent complétement.

A l'appui de ces réflexions et de ces raisonnements, Humboldt cite quelques exemples. Il montre l'ancienne langue chinoise tout entière monosyllabique, et l'introduction de quelques mots composés n'ayant lieu que dans la langue et le style modernes. Les langues malaises avaient paru reposer jusqu'à ce jour sur un système de racines toutes dissyllabiques ; une analyse plus sévère, entreprise par Humboldt lui-même, a montré que, même avec l'imperfection de nos connaissances, on pouvait, dans beaucoup de cas, les ramener au *monosyllabisme*. Un des caractères essentiels des langues de race sémitique est aussi leur dissyllabisme ; cependant il peut être aussi ramené à un système antérieur monosyllabique, comme l'ont reconnu beaucoup de philologues. Il en est absolument de même du polysyllabisme sanscrit. On y trouve bien quelques racines de plusieurs syllabes dont on ne peut pousser plus loin la décomposition; mais évidemment elles ne sont simples qu'en apparence ; elles ne sont que des composés où le son de l'un des éléments s'est perdu. L'auteur termine tout son ouvrage par la solution donnée à cette question dans le sens où nous venons de l'exposer.

FIN.

Poitiers.— Imp. de A. DUPRÉ.

www.ingramcontent.com/pod-product-compliance
Lightning Source LLC
LaVergne TN
LVHW020434230826
846091LV00004B/1501
9782013584319